DEBUT D'UNE SERIE DE DOCUMENTS
EN COULEUR

UNE
ÉDUCATION
DE NOS JOURS

OBSERVATIONS SUR LES PRINCIPES D'ÉDUCATION

PRÉCONISÉS PAR M. LEGOUVÉ

DE L'ACADÉMIE FRANÇAISE

Par le R. P. J. NOURY

DE LA COMPAGNIE DE JÉSUS

PARIS

ADOLPHE JOSSE, ÉDITEUR

31, RUE DE SÈVRES, 31

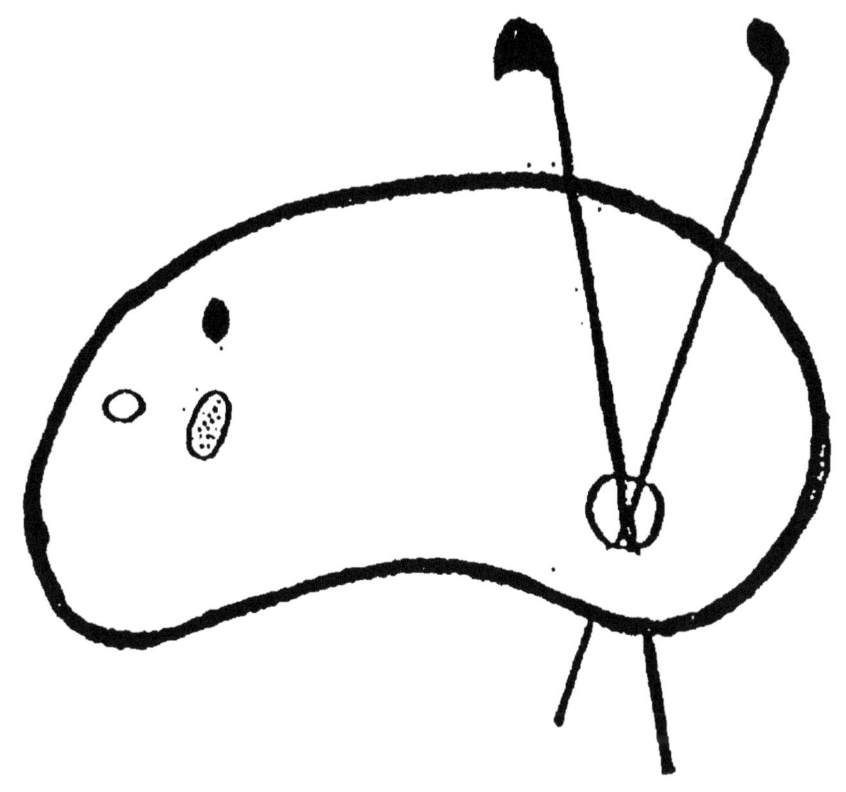

FIN D'UNE SERIE DE DOCUMENTS
EN COULEUR

UNE ÉDUCATION

DE NOS JOURS

OUVRAGES DU MÊME AUTEUR

Vie du P. Gautier de la Compagnie de Jésus (Douniol). Prix : 1 fr. 50.

Le Livre du jeune Homme ou Maximes pour la conduite de la vie. Ouvrage inédit du P. Grou, revu et publié par le P. J. Noury de la même compagnie (Palmé). Prix : 2 fr.

Comment on croit (A Josse). Prix : 0 fr. 30 c.

F. Aureau. — Imprimerie de Lagny.

UNE
ÉDUCATION
DE NOS JOURS

OBSERVATIONS SUR LES PRINCIPES D'ÉDUCATION
PRÉCONISÉS PAR M. LEGOUVÉ
De l'Académie française

Par le R. P. J. NOURY
DE LA COMPAGNIE DE JÉSUS

PARIS
ADOLPHE JOSSE, ÉDITEUR
31, RUE DE SÈVRES, 31

AVANT-PROPOS

Parmi les ouvrages sans nombre qui ont été écrits de nos jours sur l'important sujet de l'Éducation, aucun peut-être ne résume aussi bien que celui de M. Legouvé : *Les Pères et les Enfants au dix-neuvième siècle*, l'ensemble des tendances, des préjugés, des erreurs qui ont obtenu droit de cité, dans la société contemporaine.

Nous parlons, bien entendu, de la bonne société, de la société honnête, éclairée, instruite, et non de cette société des nouvelles couches qui semble en passe aujourd'hui de prendre le haut du pavé, et de

fonder une aristocratie d'un nouveau genre,
en s'emparant de toutes les fonctions publiques, de toutes les administrations, en
un mot, de tous les postes qui assurent la
richesse et le pouvoir.

Dans cette dernière société, encore en
formation, et destinée, si elle s'implante
dans le pays, à remplacer la bourgeoisie,
comme celle-ci a remplacé la noblesse,
nous ne trouvons jusqu'ici d'autres principes d'éducation, que le culte du succès,
des théories purement païennes et natu-
ralistes qui sont la négation même de la
véritable éducation.

Les idées prônées par M. Legouvé son
de meilleure compagnie et de meilleur
aloi. Son éducation est démocratique, sans
aucun doute; mais d'une démocratie dis-
tinguée, libérale, respectueuse des mœurs
anciennes, dont elle parle avec quelques
égards, tout en les déclarant surannées
et parfaitement finies.

Le livre de M. Legouvé n'est pas nouveau; mais il est toujours actuel. Les théories qui y sont exposées, les systèmes que soutient et développe l'auteur sont encore en pleine vigueur au milieu de nous. Aussi l'examen, ou si l'on aime mieux, la critique que nous entreprenons ici, ne peut être regardée ni de près ni de loin comme un anachronisme.

D'ailleurs il est dans ce travail des points qui ne sont pas destinés à vieillir, parce qu'ils touchent soit aux principes immuables qui doivent présider à l'éducation, soit à des questions religieuses, dont l'importance et l'actualité dureront autant que le monde.

Il y a une douzaine d'années, un peu avant cette guerre de 1870, qui restera comme une étape sanglante dans l'histoire de notre pays, la lecture de ce livre nous frappa vivement, par ses qualités de style et de mise en scène, et ne nous surprit pas moins par l'étrangeté et souvent par la fausseté de ses doctrines; nous consignâmes alors nos premières observations dans les *Etudes religieuses et historiques.*

L'auteur merveilleusement au fait des habitudes sociales de son temps; on ne peut mieux renseigné sur les travers, les aspirations, légitimes ou non, de notre société moderne; avec cela, très agréable littérateur, esprit délicat et distingué, observateur plein de finesse, philosophe humanitaire rempli de préjugés, il est vrai, mais généralement exempt de passions, l'auteur, dis-je, ne peut manquer d'être intéressant, quand il décrit le sanctuaire du foyer domestique, avec son âme de père, et son pinceau d'artiste. Il pique la curiosité, il émeut souvent, et promène ainsi très agréablement le lecteur à travers des récits ou des aperçus charmants, où il sème quelques vérités de détail à côté de beaucoup d'idées fausses ou même d'erreurs fondamentales.

Démêler ces erreurs, indiquer et réfuter ces idées fausses artistement dissimulées sous les fleurs du style ; analyser ces pages ondoyantes, pour voir finalement ce qu'elles recèlent de vrai, de faux ou de hasardé ; tel est le but d'un travail, trop succinct eu égard à l'importance du livre que nous examinons, mais suffisant pour en faire connaître l'esprit ou en signaler les tendances.

Nous devons avertir le lecteur que tous les personnages mentionnés dans le cours de cet ouvrage, sont des personnages de convention. M. Legouvé, pour donner à son récit une allure plus intéressante et plus vive, imagine un père de famille écrivant son *journal* dans lequel il consigne ses observations, formule ses théories, et développe tout son système d'éducation.

Ce père de famille a une femme d'une grande piété, et un fils du nom de Maurice. Celui-ci devient naturellement la figure la plus en vue du livre tout entier, puisque c'est lui qu'il faut instruire et former d'après les principes préconisés par l'auteur.

Lorsque ces mots : *le père, l'écrivain, sa femme, son fils* se présentent sous notre plume, il s'agit directement du soi-disant auteur du *journal;* mais au demeurant, le seul et véritable auteur n'est autre que M. Legouvé lui-même.

Paris, 22 février 1882.

J. NOURY S. J.

UNE ÉDUCATION

DE NOS JOURS

PREMIÈRE PARTIE

Les Enfants

CHAPITRE PREMIER

LE LITTÉRATEUR ET LE MORALISTE. — ERREUR FONDAMENTALE DU SYSTÈME D'ÉDUCATION PRÉCONISÉ PAR L'AUTEUR *des pères et des enfants au dix-neuvième siècle.*

La question d'enseignement et d'éducation, importante à toutes les époques, est devenue la question vitale de notre temps. Il n'y a pas à se le dissimuler, l'avenir de la société, de la famille, et j'oserais dire, de la religion, dépend, en grande partie, des systèmes d'éducation qui finiront par prévaloir au milieu de nous.

Tout le monde est d'accord sur ce point, et il est de la dernière évidence que les plus vives préoccupations des esprits se tournent de ce côté.

La politique a ses intermittences, ses agitations fébriles suivies de calmes plats. Un incident qui semblait devoir mettre l'Europe en feu est oublié un mois plus tard. Les événements politiques ainsi que les pièces de théâtre ont leur histoire et leur succès d'un jour. Les hommes et les choses de notre temps passent comme des météores : une minute d'éclat, puis une éternité d'oubli. Les Mémoires de l'époque, si quelqu'un s'avise de les écrire avec détail, formeront un écheveau difficile à débrouiller. La marche de l'humanité au dix-neuvième siècle ressemble assez bien au vol de l'hirondelle; c'est un dédale inextricable, et bien adroit serait le peintre ou l'écrivain qui parviendrait à reproduire, avec la plume ou le pinceau, ces méandres sans fin et sans issue.

Certains orateurs, toutefois, me semblent avoir assez bien rendu la situation, en disant : « dans des temps *mêlés* comme le nôtre, etc.; » *mêlés*, c'est bien le mot.

Et voilà cependant que notre société aux goûts éphémères, aux passions de circonstance, aux enthousiasmes mort-nés, s'intéresse avec une constance, une opiniâtreté exceptionnelles, à tout ce qui touche l'enseignement et l'éducation. Le régime qui tomba en 1848 fut pendant près de vingt ans aux prises avec l'opinion publique, odieusement lésée par un monopole sans droit et sans conscience. Ces protestations incessantes minèrent peu à peu l'édifice qui croula, comme un château de cartes, sous le souffle de la déconsidération universelle.

Depuis lors, des satisfactions sérieuses avaient été accordées aux justes exigences des esprits ; on s'occupe, en ce moment, à les anéantir. Mais qu'on ne l'oublie pas, il y a au fond de toutes les âmes, si on en excepte les intéressés, une instinctive et inexorable réprobation contre ces atteintes portées à la liberté ;

et il ne se peut faire qu'un jour ou l'autre ces barrières ne soient emportées par le flot de l'opinion publique.

Mais nous touchons là un point que nous ne voulions pas aborder. La question d'éducation, intimement liée à la liberté d'enseignement, en diffère cependant : la liberté est une question de droit, l'éducation est affaire de méthode, et c'est à ce dernier point que nous voulons borner nos réflexions.

Jamais, disons-nous, ce problème tout à la fois domestique, social et religieux, ne préoccupa plus vivement les esprits. Quiconque manie la parole ou la plume se trouve, bon gré, mal gré, amené sur ce terrain : les prédicateurs du haut de la chaire, les professeurs dans leurs leçons publiques, les écrivains, les journalistes petits et grands acceptent ou s'arrogent la délicate mission de moraliser sur cette matière.

Or, parmi les ouvrages d'éducation les plus remarqués, et, dit-on, les plus gracieusement accueillis du public, il faut signaler le livre de M. Ernest Legouvé, membre de l'Académie française. Il a pour titre : *Les Pères et les Enfants au dix-neuvième siècle.*

Nulle part on ne trouverait plus exactement, ce nous semble, le niveau de la morale rationaliste actuelle, en matière d'éducation.

Nous disons *rationaliste*, et M. Legouvé n'aura certes pas la tentation de nous contredire, lui qui, plus d'une fois dans le cours de l'ouvrage, se défend d'être chrétien, en se déclarant déiste, ou en révoquant en doute la divinité de Jésus-Christ.

Avant tout, distinguons deux hommes dans l'auteur du livre qui nous occupe, le littérateur et le moraliste. Un critique, dont les appréciations nous ont passé sous les yeux, oubliant cette distinction essentielle, absout des deux mains les écarts du moraliste, par enthousiasme pour le mérite du littérateur.

Au point de vue littéraire, M. Legouvé maintient, en effet, très dignement la gloire de son fauteuil académique. La phrase française, avec ses nuances délicates, ses coquetteries charmantes, semble son élément naturel; il s'y joue comme le poisson dans l'eau. Le style est

clair, abondant, facile ; l'expression se présente d'elle-même ; la période coule et se
développe sans effort ; l'image est ingénieuse
et juste.

Ce n'est pas toutefois le fleuve large et ma-
jestueux, déployant au loin la nappe immense
de ses eaux ; c'est moins encore le torrent
rapide, se précipitant, en bruyantes cascades,
des flancs de la montagne ; M. Legouvé ne
connaît ni ces pompes, ni ces ardeurs de style.
C'est un fleuve paisible, je dirais civilisé, aux
rives gracieuses et fleuries. Les yeux s'y reposent tranquilles et ravis, mais également à
l'abri des puissantes admirations et des sou-
daines terreurs.

On dira peut-être que ce n'était guère le lieu
de provoquer dans les âmes ces fortes et vives
émotions. En principe, c'est vrai. Mais l'œuvre
de M. Legouvé n'est pas, comme on pourrait le
croire, une œuvre didactique ; fidèle à son
passé, l'auteur a fait un drame, bien plus
qu'un exposé de principes ; son travail est une
sorte de morale en action, et dès lors, à côté
de cette aisance exquise, de cette mise en scène

pleine de charmes, on serait en droit d'exiger,
comme dans tous les livres destinés à tromper
les âmes, un peu plus de force, je dirais, de
virilité. A la suite de plusieurs de ces pages,
nuancées à l'égal des toilettes du jour, on ver-
rait sans surprise la signature d'une main
féminine. On n'est pas impunément, paraît-il,
le fils de celui qui écrivit le *Mérite des femmes*.
Il y a des dons, ou, si l'on veut, des infirmités
de famille, et nous aurions presque aussi mauvaise grâce à demander compte à un homme
de son tempérament littéraire que de son tempérament physique. Mais n'insistons pas sur
ce point ; M. Legouvé est incontestablement
un écrivain de mérite, et, nous le répétons,
s'il suffit d'écrire élégamment le français pour
ne pas être déplacé à l'Académie, l'auteur ne
sera point accusé d'avoir usurpé son fauteuil.
Venons au moraliste.

Ici, nous sommes loin d'être aussi satisfait ;
et, pour dire tout de suite notre pensée, nous
regardons le livre en question comme une
œuvre dangereuse. Fréquemment l'auteur expose, développe et s'efforce de faire prévaloir

des principes également hostiles à la religion, aux saines idées sociales et aux véritables intérêts de la famille. Ajoutons même que les qualités de l'ouvrage le rendent deux fois dangereux : de la modération dans la forme ; certains principes de philosophie naturelle qui constituent ce qu'on appelle l'honnêteté ; une bonne grâce et une distinction parfaites ; énormément d'esprit ; des aperçus ingénieux, souvent des observations fort justes ; quelques industries d'enseignement d'une habileté incontestable ; une sorte d'éclectisme libéral et tolérant dans l'appréciation des doctrines; en un mot, ce je ne sais quoi qui donne au livre une physionomie de conviction et de sincérité à l'abri de tout soupçon ; ces qualités et d'autres encore disposent merveilleusement le lecteur à la confiance. Il a besoin de réfléchir et de s'arracher, en quelque sorte, au charme de cette attrayante lecture, pour juger sainement des doctrines de l'auteur ; il est presque au regret de ne pouvoir être de son avis.

Mais si l'on fait abstraction de la forme, si l'on pénètre à travers cette parure de langage et ces ingénieux récits, jusqu'à la substance des choses, jusqu'à ces principes qui sont l'âme d'un ouvrage, il faut bien se résigner à la contradiction.

Touchons sommairement aux points essentiels ; un examen détaillé du livre de M. Legouvé exigerait au moins deux volumes comme les siens ; à ses thèses principales, il faudrait, le plus souvent, opposer la thèse contradictoire, et cela nous entraînerait trop loin.

Tout le système d'éducation exposé dans cet ouvrage pèche par la base et repose sur une idée fausse. Ce que l'auteur veut établir, au fond, n'est autre chose que l'égalité entre le père et les enfants. Et encore, si c'était l'égalité ! Mais les droits du père, discutés, réduits presque à néant, s'effacent et disparaissent devant les droits de son fils. Celui-ci devient une sorte de petit souverain, qui ne doit rien, ou presque rien à personne, et auquel tout est dû. *Messieurs les enfants, Messieurs les jeunes gens !* comme s'exprime l'auteur. Pourquoi ne pas dire : *Messeigneurs ?* Cette expression rendrait encore mieux votre pensée !

M. Legouvé, il est vrai, proteste qu'il ne veut en rien « contester les droits du père »; qu'il se gardera bien « de nier tout ce que nous devons à ceux à qui nous devons la vie ». Mais cette protestation vague et sommaire, faite uniquement pour l'acquit de la conscience, est démentie et contredite cent fois dans l'ensemble du récit. Et voyez sur quel fondement, *éminemment moral*, sont établis les devoirs du père et les droits de l'enfant ! Après les paroles citées plus haut l'auteur ajoute : « Mais que ne doivent-ils pas eux-mêmes (les parents) à ceux qui ont reçu d'eux ce fatal présent (la vie)? Quelle plus terrible responsabilité vis-à-vis d'un être que de lui avoir infligé le titre de créature humaine, que de l'avoir condamné aux douleurs, aux passions, aux maladies, aux fautes, aux vices, aux crimes peut-être, et enfin à la mort? Car, qu'est-ce que la vie, sinon une condamnation à mort? Et qu'est-ce que la mort même, sinon, au dire de la religion, une éternité de peines peut-être ? Et vous vous croyez quitte envers ces êtres à qui vous avez fait tant de mal, pour quelques soins donnés à leur en-

fance, et quelques aliments assurés à leur âge
mûr ? Vous croyez que des folies de jeunesse,
partage inévitable de cette nature humaine
dont vous les avez revêtus, que des défauts de
caractère qui ne sont peut-être qu'un legs de
vous, vous donnent le droit de leur enlever jusqu'à l'avenir ! » etc., etc.

Il est trop clair qu'après avoir infligé arbi-
trairement à ses enfants le fardeau de tant de
misères, un père ne peut avoir qu'un droit ou
plutôt un devoir : celui de payer à ses victimes
de grosses indemnités. Nous allons revenir sur
ces étranges idées. Mais disons, en passant,
que l'auteur part de là pour regretter amère-
ment que la loi civile ait laissé un lambeau de
droit aux parents dans la disposition de leurs
biens. A l'encontre de cette doctrine, les
hommes les plus sérieux, après avoir étudié à
fond les moyens d'établir chez nous la réforme
sociale, demandent à grands cris pour les
parents la liberté testamentaire, sans laquelle
toute autorité sérieuse leur échappe, et seul
remède efficace, d'ailleurs, contre ce morcel-
lement des familles, cette pulvérisation de la

propriété, et enfin, contre cette tendance socialiste qui substitue l'action de l'État à l'action du père, quand il s'agit de fixer le sort des enfants (1).

Mais laissons là cette question sociale pour revenir à notre sujet.

Cette manière, disions-nous, d'établir les droits des enfants, cette façon d'exiger pour eux, à titre de dommages-intérêts, les soins et presque le vasselage des parents qui leur infligèrent la vie, nous semble, disons le mot, une pure immoralité. Si votre fils, un jour, vient à goûter cette doctrine, que lui répondrez-vous, lorsque, dans un moment de dépit, de découragement, sous le coup d'une amère déception, dans les étreintes du désespoir peut-être, il viendra vous demander compte de cette fantaisie qui vous rendit son père et fit de lui votre enfant? Vous ne seriez pas le premier auquel un fils imbu de telles maximes aurait adressé ces reproches navrants et honteux!

(1) Voir entre autres le remarquable travail de M. Le Play, intitulé : *La Réforme sociale en France.*

Et vous qui croyez à l'existence d'un Dieu personnel, au gouvernement de la Providence, et ne pouvez vous imaginer, dès lors, que cet être infini et tout-puissant soit étranger à la création de l'homme; dans ces moments de prostration morale, de désenchantement universel, de cruelle agonie, auxquels nul homme ne peut se flatter d'échapper toute sa vie, n'aurez-vous jamais la tentation de faire monter jusqu'à Dieu la plainte blasphématoire que ce fils dénaturé adresse à son père? Cette tentation, elle vous viendra, elle vous saisira au cœur, si la vie, regardée par le chrétien comme le premier bienfait de Dieu et des parents à notre égard, est à vos yeux le premier grief que nous soyons en droit de formuler contre |Dieu et contre les auteurs de nos jours.

Vous direz que nous exagérons la portée de vos paroles; que nous vous prêtons des sentiments très éloignés des vôtres. Nous sommes très persuadé, en effet, que votre âme, naturellement honnête, se révolte à la pensée de tels excès. Mais qu'en faut-il conclure, sinon que des hommes fort intelligents d'ailleurs posent des principes sans en calculer les conséquences ?

Et nous n'avons pas tout dit : car, si telle est la responsabilité du père, et si le présent qu'il fait à son fils est un présent tellement fatal, à moins d'être le plus égoïste et le plus cruel des hommes, il doit y regarder à deux fois, à cent fois, avant de jeter sur le chemin de la vie un nouveau forçat de l'existence ; et le *crescite et multiplicamini* de l'Ecriture devient une ironie amère.

Enfin, et c'est la dernière conséquence de vos doctrines, croyez-vous qu'il y ait loin de cette manière d'envisager la vie à la justification du suicide ? Dieu me garde de vous transformer en défenseur de cette abominable lâcheté, quoique vous n'ayez pas trouvé un mot de blâme pour votre « roi Lear de village », cherchant le remède à ses maux dans une mort volontaire, blâme que vous deviez à votre dignité personnelle et à la conscience de vos lecteurs. Mais, je le répète, vos théories sur la vie porteraient facilement les hommes, malheureux ou désenchantés, à faire trop bon marché de la leur ; et vous en conviendrez avec nous, il est plus qu'inutile de pousser dans ce sens l'humanité contemporaine !

Cette façon d'établir le droit des enfants et le devoir des pères pourrait donc avoir des conséquences morales désastreuses.

Non, ce n'est point à titre de réparation qu'un père doit à son fils des soins multiples, un dévouement efficace ; ces obligations sacrées lui incombent, parce que noblesse oblige, et que l'honneur de la paternité lui impose l'honneur et le devoir de l'éducation ; parce qu'il est souvent dans la nature d'un premier bienfait d'en appeler un autre, et que le bienfait de la vie physique exige le bienfait de la vie morale ; parce que la Providence ne vous a pas tendu un piège, en mettant dans votre cœur des flots de dévouement et de tendresse qui s'épanchent d'instinct sur l'âme de ces enfants, comme s'épanche sur leurs lèvres le lait du sein maternel ; parce qu'enfin votre paternité, étant une participation de la paternité divine qui prend soin de tout ce qu'elle crée, en vous appelant à partager cette gloire, Dieu, du même coup, vous donne charge d'âmes, et met dans vos mains l'autorité, dans votre cœur l'amour nécessaires à l'accomplissement de cette grande mission.

CHAPITRE II

L'AUTORITÉ ET LA TENDRESSE DANS L'ÉDUCATION

Quant au fond même du système d'éducation préconisé par l'auteur, il n'est pas moins défectueux, nous l'avons dit, que la théorie qui lui sert de point d'appui. Si le despotisme paternel est un excès, et personne ne s'avisera de le nier, la camaraderie entre père et enfant est un désordre d'une autre nature; et on ne remédie pas un abus par un autre abus.

En principe, toute éducation doit se maintenir entre ces deux pôles : l'autorité et la tendresse; et le juste équilibre entre ces deux forces constituerait, à nos yeux, l'idéal même et la perfection du genre. Il est évident qu'il deviendra nécessaire d'appuyer plus ou moins sur l'un ou l'autre de ces ressorts suivant les idées dominantes, les préjugés, les vices d'une époque, en ayant égard à l'âge, au caractère et à l'intelligence de l'enfant; il faut étayer l'arbre du côté où il penche. Vous développerez le principe d'autorité avec d'autant plus d'énergie que les esprits sont enclins à l'indépendance et à l'insubordination; vous userez, au contraire, plus largement des moyens de douceur et de persuasion, là où les cœurs sont portés aux excès de la crainte ou de la timidité. La mollesse dans l'éducation fait des enfants gâtés, c'est-à-dire des égoïstes et des ingrats; la rudesse étiole les natures faibles, et rend presque toujours sauvages et intraitables les natures énergiques.

Disons cependant qu'en général l'autorité périclite plutôt que la tendresse, et cela pour deux raisons. D'abord, parce que l'enfant est naturellement porté à la résistance, et que toute résistance finit par fatiguer et épuiser

plus ou moins l'action de l'autorité. En second
lieu, parce que, si la nature apprend au père
qu'il a des droits sur son enfant, elle lui dit,
avec bien plus d'éloquence encore, qu'il est
père et elle a mis dans son âme des trésors
d'affection qui l'inclinent à l'indulgence
et l'exposent aisément à la faiblesse. Une
autre raison spéciale au temps où nous vivons,
c'est que le souffle de l'égalité civile a pénétré
de la place publique au sein de la famille, et
profondément atteint l'autorité paternelle.

Quoi qu'il en soit, aucun de ces deux principes essentiels ne peut, sans péril, être exclu
de l'éducation. Aussi, avant de donner à ses
contemporains des conseils sur cette matière,
l'orateur, l'écrivain, le moraliste doit étudier
attentivement l'état des esprits et voir clairement lequel des deux éléments est en
baisse.

M. Legouvé n'a pas manqué à ce soin. En
maint endroit de son ouvrage, il avoue que
l'autorité paternelle est grandement amoin-
drie dans les familles. Mais il ne s'en plaint
pas ; il s'en félicite au contraire, en consta-

tant que le principe d'égalité entre le père et le fils gagne chaque jour du terrain, et que la tendresse, prenant la place de l'autorité, est devenue le grand et à peu près l'unique moyen d'éducation parmi nous. A ses yeux, c'est là un progrès immense, une des gloires du dix-neuvième siècle, et d'ailleurs une conséquence logique, nécessaire, des principes qui dirigent la société moderne. Cette dernière réflexion montre que l'auteur oublie une notion aussi essentielle qu'elle est élémentaire, à savoir que l'autorité domestique est de droit naturel et invariable, tandis que l'autorité civile est de droit plus ou moins conventionnel, quoique toutes les deux, une fois constituées, reposent en dernier ressort sur l'autorité même de Dieu.

Nous partageons entièrement l'avis de l'auteur, quand il constate l'amoindrissement de l'autorité paternelle au milieu de nous ; le fait n'est que trop évident ! Mais ce que nous ne pouvons admettre, c'est qu'il y ait là un progrès, qu'on doive s'applaudir de cet état de choses et regarder le développement de la tendresse, en pareille occurrence, comme le moyen suprême d'éducation.

Comment ! les enfants, au sein des familles, sont gâtés à l'excès ; chacun de leurs caprices devient une loi pour toute la maison ; on ne se contente pas de les aimer, on les *adore*, c'est vous qui le dites ; l'expérience est là, étalant à vos yeux les effets désastreux d'un tel système ; car les exceptions que vous nous opposez, les enfants qui échappent aux funestes conséquences d'une telle éducation, comme votre fils Maurice, par exemple, sont de rares phénomènes et des natures exceptionnelles... Et vous profitez de ce moment pour exalter vos méthodes égalitaires, au détriment des méthodes imprégnées d'une sage autorité ! Relisez donc cette page éloquente sortie de votre plume ; elle nous met en présence d'une navrante réalité.

« Messieurs les enfants !... c'est-à-dire ces pauvres petits êtres de trois ou quatre ans, énervés par les soins et les gâteries ; ces petits bonshommes de sept ans, égoïstes, despotes, gourmands, maîtres de la maison ; ces petits écoliers de douze ans, montant gravement les marches du collège un cigare à la bouche ; ces petits jeunes gens de dix-sept ans disputant avec leur père, et ne s'inclinant ni devant la vieillesse ni devant la supériorité ; ces petits docteurs de dix-huit ans, tranchant toutes les questions de politique, de métaphysique, de beaux-arts, et athées même, au besoin ; ces oisifs de vingt ans, réclamant impérieusement leur part dans le bien paternel, pour la satisfaction de leurs goûts ou de leurs passions, et disant nettement à leur père : « Tu as bien assez travaillé pour que je ne fasse rien. » Ou enfin, spectacle plus triste encore ! *Messieurs les enfants !*, c'est-à-dire ces majeurs de la veille, ces fils de manufacturiers, de commerçants, de notaires, d'avoués, de fermiers, entrant de haute lutte, comme successeurs, dans l'usine, dans l'étude, dans le magasin, dans la ferme fondés par leur père, et y compromettant bientôt, pour y être entrés trop tôt, jusques à l'honneur du nom (1). »

(1) Pages 2, 3.

L'auteur, il est vrai, donne immédiatement la contre-partie. Il fait de *Messieurs les enfants* un autre portrait, parfaitement inconciliable avec le premier, et dans lequel il s'efforce de compenser, par des avantages très problématiques ou plutôt très illusoires, les désordres trop réels dont il vient de mettre le tableau sous nos yeux.

D'ailleurs, puisque l'occasion s'en présente, faisons ici une remarque. Dans un grand nombre de publications contemporaines, un véritable embarras pour le lecteur ou le critique est de bien saisir la pensée de l'auteur, de voir quelle est définitivement sa doctrine, et d'abord s'il a une doctrine ; le *pour* et le *contre* se trouvent énoncés, adoptés, soutenus avec la même conviction apparente, et, en réalité, avec la même absence de toute conviction sérieuse. Après avoir lu attentivement un ouvrage, on en est souvent réduit à prendre une sorte de résultante, en se disant : Tout bien considéré, telle est la pensée de l'auteur.

. M. Legouvé n'a pas échappé complètement à

cette infirmité des époques dépourvues de principes. A lire quelques-unes de ses pages, en face de plusieurs de ses tableaux, celui de *Messieurs les enfants*, par exemple, dans toute la légende du « roi Lear de village » (1) vous vous croiriez en présence d'un écrivain autoritaire ; il peint au vif le malheur des familles où, contrairement aux lois de la nature, l'autorité ou la propriété passe des mains des parents aux mains des enfants. Vous comptez sur des conclusions en rapport avec de telles prémisses ; il n'en est rien. L'auteur se hâte de mettre en regard de ces excès les abus d'une époque antérieure à la nôtre, et son siège est fait. A ses yeux, les désordres actuels sont presque un bien, comparés aux désordres de l'ancienne société. Il ne sort pas de là. Autrefois les enfants étaient les très humbles serviteurs de leur père ; celui-ci portait ordinairement jusqu'à la dureté l'exercice de ses droits ; que venez-vous après cela nous parler de cette mollesse énervante

(1) Le roi Lear, personnage de Shakespeare poussé au désespoir par l'ingratitude de ses filles et de ses gendres.

qui déshonore, selon vous, l'éducation de nos jours, de l'insubordination, de l'ingratitude, de la perversité des enfants ? Dites donc plutôt que nous sommes mille fois heureux d'avoir aboli ces lois et ces mœurs brutales et honteuses, qui faisaient des enfants, au sein même de la famille, un troupeau d'esclaves !

Étrange, disons mieux, pitoyable justification des maux dont nous souffrons ! Et ce procédé, l'auteur y tient ; il ne paraît même pas soupçonner qu'un tel raisonnement est contraire à toute logique et confine au ridicule. Il y revient fréquemment dans le cours de l'ouvrage, et en particulier à propos de la politesse aristocratique et de la politesse démocratique.

Le vieux marquis de Luxeuil montre avec infiniment d'esprit et de bon sens, à un avocat de ses amis, député et fort démocrate, que son fils pousse le sans-gêne jusqu'à la grossièreté : « Votre fils, lui dit-il, avait pour voisine à table une charmante jeune femme ; il n'a su ni lui parler, ni la servir, ni ramasser son gant tombé, ni deviner le fruit qu'elle désirait.

— « Voilà son crime ! reprit l'avocat en riant ; il a été gauche et timide avec une jolie femme !

— « Attendez, attendez, reprit le marquis ; tout se tient ; si je l'ai trouvé trop timide avec elle, je lui ai trouvé trop d'assurance avec vous. Il a combattu votre opinion et soutenu la sienne avec une liberté de ton et un sans-façon de parole qui m'ont confondu de surprise, moi qui appelais mon père Monsieur, et qui n'ai jamais gardé ma tête couverte devant lui. A la sortie du dîner, votre fils a pris un fauteuil, pendant que sa mère était assise sur une chaise ; il a occupé le plein milieu de la cheminée, pendant que sa sœur allongeait à grande peine ses jolis petits pieds qui avaient froid, sur l'extrémité du garde-feu. Une vieille dame s'est plainte que son siège fût un peu trop haut ; ce n'est pas votre fils qui s'est empressé d'aller lui chercher un tabouret, c'est moi... L'entretien s'étant engagé entre votre fils et moi sur une question que je connais mieux que lui, car, hélas ! elle date de ma jeunesse, il a pris et gardé vis-à-vis de moi une attitude d'égal à égal qui m'a fait sourire (1). »

Le père avoue que son fils a des torts et assure même qu'il l'a réprimandé... « Mais, ajoute-t-il (et c'est ici qu'il ressaisit son argument victorieux), nierez-vous qu'il y eût bien de la fausse monnaie dans la politesse d'autrefois ? Ces courtoisies n'étaient-elles pas bien extérieures, et toutes ces bienveillances ne se réduisaient-elles pas, trop souvent, à un seul mot : tromper ? » Puis l'avocat continue longuement à stigmatiser la politesse du temps passé ; besogne plus facile que loyale, lorsqu'on substitue la charge au portrait, et que l'on confond deux choses si essentiellement distinctes : l'abus et l'usage.

Le marquis de Luxeuil finit, bien entendu, par passer condamnation sur ce chapitre ; il s'avoue vaincu, quoiqu'il ait cent fois raison contre son adversaire. C'est l'histoire du lion terrassé par l'homme ; le peintre donne naturellement la victoire à son parti.

Encore une fois, il ne s'agit pas de savoir si

(1) Page 240 et suiv.

l'ancienne éducation et l'ancienne politesse avaient leurs abus ; on abuse des meilleures choses, et le marquis n'avait qu'un mot à dire pour réduire à néant toutes vos diatribes. Ce mot, vous vous gardez bien de le lui faire dire. Il pouvait se contenter de répondre : Je ne me fais l'apologiste d'aucun excès ; je blâme formellement et les abus de pouvoir et les hypocrisies courtoises de l'ancienne société, partout où vous me les signalerez. Mais je ne vois pas comment vous trouvez là une justification de désordres sans nombre qui sortent logiquement, et non par accident, de votre éducation et de votre politesse démocratiques. Parce que certains hommes ont poussé l'exercice de l'autorité jusqu'à la tyrannie, et la politesse jusqu'au ridicule, il n'en résulte pas que toute autorité devienne abus de pouvoir, toute politesse une tromperie ; il en résulte encore moins que la faiblesse dans l'éducation, et le manque de tenue dans les rapports de société, puissent jamais devenir des vertus !

Mais rendons justice à l'auteur : en dehors de cette raison extrinsèque, à savoir les anciens abus, raison qui n'explique et ne justifie rien, comme nous venons de le voir, il essaye une autre justification de son système. Dans la société moderne, par suite de l'égalité civile entre les citoyens, de l'égal partage des biens entre les frères et les sœurs, du nivellement des conditions, en un mot, les parents se trouvent contraints, bien plus qu'autrefois, de vivre en face de leurs enfants, sous leurs regards très clairvoyants et très investigateurs. Il en conclut, et cette fois nous sommes entièrement de son avis, que les chefs de famille doivent payer d'exemple, qu'ils doivent être irréprochables autant que le permet la fragilité humaine, afin d'exercer par là une salutaire influence sur les enfants. Certes, rien de plus juste : *Verba movent, exempla trahunt.*

Mais une autre conclusion qu'il nous est impossible d'admettre, c'est que le développement de la tendresse doit être en raison directe de cette communauté de vie et de rapports continuels. Dites plutôt que l'autorité nécessaire à la bonne éducation des enfants se trouvera exposée à mille dangers; que la faiblesse dans les parents sera le résultat presque inévitable de cet état de choses, et plus d'un demi-siècle d'expérience vous donnera raison. Mais ne poussez pas l'édifice dans le sens où il incline et menace ruine. Trouvez un moyen de sauver l'autorité chancelante ; c'est elle, et non la tendresse, que vos nivellements ont profondément atteinte, sinon ruinée. La tendresse, elle est nécessaire, indispensable ; elle opère des merveilles dans l'éducation, mais à une condition, c'est qu'elle soit placée sous la sauvegarde du respect. Or, vous ne devez attendre ni respect ni reconnaissance d'un enfant qui regarde vos soins, vos caresses, vos dévouements, comme un droit pour lui, une dette pour vous. Il ne sera guère plus touché ni flatté de vos attentions, que vous ne l'ôtes des services de votre cuisinier ou de votre valet de chambre.

Qu'il sache donc d'abord que vous êtes son supérieur, de droit naturel et divin, son supérieur à tous les points de vue, et alors votre tendresse, votre bonté, deviendront à ses yeux un acte de condescendance qui provoquera son amour et sa gratitude.

Qu'on saisisse bien notre pensée : à une autre époque, sans doute, il nous eût fallu tenir un autre langage; nous n'eussions pas hésité à blâmer hautement la morgue, la roideur de certains pères, pour lesquels tout acte de familiarité ou de tendresse envers leurs enfants semblait une dérogation à la dignité paternelle et une sorte de déshonneur. Et ceci nous remet en mémoire cette scène de famille, racontée par Chateaubriand dans ses *Mémoires*, et qui se passait au vieux château de Combourg, il y a bientôt un siècle; scène que nous appellerions volontiers une scène de terreur.

« Les soirées d'automne, dit le grand écrivain, étaient d'une autre nature. Le souper fini, et les quatre convives revenus de la table à la cheminée, ma mère se jetait sur un vieux lit de jour de siamoise flambée; on mettait devant elle un guéridon avec une bougie. Je m'asseyais auprès du feu avec Lucile; les domestiques enlevaient le couvert et se retiraient. Mon père commençait alors une promenade qui ne cessait qu'à l'heure de son coucher. Il était vêtu d'une robe de ratine blanche, ou plutôt d'une

espèce de manteau que je n'ai vu qu'à lui. Sa
tête demi-chauve était couverte d'un grand
bonnet blanc qui se tenait tout droit. Lorsqu'en se promenant il s'éloignait du foyer, la
vaste salle était si peu éclairée par une seule
bougie, qu'on ne le voyait plus; on l'entendait
seulement encore marcher dans les ténèbres :
puis il revenait lentement vers la lumière, et
émergeait peu à peu de l'obscurité, comme un
spectre, avec sa robe blanche, son bonnet
blanc, sa figure longue et pâle. Lucile et moi
nous échangions quelques mots à voix basse
quand il était à l'autre bout de la salle; nous
nous taisions quand il se rapprochait de nous.
Il nous disait en passant : « De quoi parliez-
vous? » Saisis de terreur, nous ne répondions
rien; il continuait sa marche. Le reste de la
soirée, l'oreille n'était plus frappée que du bruit
mesuré de ses pas, des soupirs de ma mère et
du murmure du vent. Dix heures sonnaient à
l'horloge du château : mon père s'arrêtait, pre-
nait un grand flambeau d'argent surmonté
d'une grande bougie, et s'avançait vers sa
chambre à coucher, dépendante de la petite

tour de l'Est. Lucile et moi nous nous tenions sur son passage; nous l'embrassions en lui souhaitant une bonne nuit. Il penchait vers nous sa joue sèche et creuse sans nous répondre, continuait sa route et se retirait au fond de la tour dont nous entendions les portes se refermer sur lui. Le talisman était brisé. Ma mère, ma sœur, et moi, transformés en statues par la présence de mon père, nous recouvrions les fonctions de la vie. Le premier effet de notre désenchantement se manifestait par un débordement de paroles : si le silence nous avait opprimés, il nous le payait cher (1). »

Certes, ce n'est point là pour nous l'idéal des rapports d'un père avec ses enfants. L'auteur du *Génie du Christianisme* nous avertit, il est vrai, en maint endroit de ses *Mémoires*, que son père était d'un caractère sombre et quelque peu sauvage, et tous les pères d'autrefois étaient loin de lui ressembler; il suffit, pour s'en convaincre, de se rappeler Henri IV jouant avec ses enfants, en présence de l'ambassadeur

____

(1) *Mémoires d'Outre-tombe*, t. I, p. 130 et suiv.

d'Angleterre ; mais nous avouerons sans peine que l'éducation des temps anciens péchait plutôt par des excès de rigueur que par des excès de tendresse ; désordre moins grand sans doute, mais désordre cependant contre lequel la conscience doit protester.

Toutefois, je l'ai dit et je le répète : désordre moins fâcheux que le premier ; car on a vu plus d'une fois cette rigueur aboutir à d'heureux résultats et former de fiers courages, tandis que la faiblesse n'engendra jamais que l'énervement des caractères. Ecoutons l'auteur déjà cité :

« La fenêtre de mon donjon s'ouvrait sur la cour intérieure ; le jour, j'avais en perspective les créneaux de la courtine opposée où végétaient les scolopendres et croissait un prunier sauvage. Quelques martinets qui, durant l'été, s'enfonçaient dans les trous des murs, étaient mes seuls compagnons. La nuit, je n'apercevais qu'un petit morceau du ciel et quelques étoiles. Lorsque la lune brillait et qu'elle s'abaissait à l'occident, j'en étais averti par ses rayons qui venaient à mon lit au travers des carreaux losangés de la fenêtre. Des chouettes

volant d'une tour à l'autre, passant et repas-
sant entre la lune et moi, dessinaient sur mes
rideaux l'ombre mobile de leurs ailes. Relégué
dans l'endroit le plus désert, à l'ouverture des
galeries, je ne perdais pas un murmure des
ténèbres. Quelquefois le vent semblait courir à
pas légers ; quelquefois il laissait échapper des
plaintes ; tout à coup une porte était ébranlée
avec violence, les souterrains poussaient des
mugissements, puis ces bruits expiraient pour
recommencer encore. L'entêtement du comte
de Chateaubriand à faire coucher un enfant
seul au haut d'une tour pouvait avoir quelque
inconvénient, mais il tourna à mon avantage.
Cette manière violente de me traiter me laissa
le courage d'un homme sans m'ôter cette sen-
sibilité d'imagination dont on voudrait aujour-
d'hui priver la jeunesse. Au lieu de chercher à
me convaincre qu'il n'y avait point de reve-
nants, on me força de les braver. Lorsque
mon père me disait avec un sourire ironique :
« Monsieur le Chevalier aurait-il peur ? » il
m'eût fait coucher avec un mort ; lorsque mon
excellente mère me disait : « Mon enfant, tout

n'arrive que par la permission de Dieu ; vous n'avez rien à craindre des mauvais esprits, tant que vous serez bon chrétien, » j'étais mieux rassuré que par tous les arguments de la philosophie (1).

On voit que le comte de Chateaubriand n'abusait pas de la tendresse dans ses rapports avec son fils. Et cependant le roseau ne fut pas brisé, et cette sévérité développa dans le caractère de l'enfant une énergie que les gâteries paternelles eussent peut-être à jamais étouffée !

Aussi quelle impression produisait sur le fils élevé dans ces habitudes de respect, un attendrissement, un baiser, une caresse de son père ! « Monsieur le Chevalier, dit le vieux comte à François, au moment où celui-ci se disposait à quitter Combourg, votre frère a obtenu pour vous un brevet de sous-lieutenant au régiment de Navarre ; vous allez partir pour Rennes, et de là pour Cambrai. Voilà cent louis ; ménagez-les. Je suis vieux et malade ;

______

(1) *Mémoires*, t. I, p. 133 et suiv.

je n'ai pas longtemps à vivre. Conduisez-vous en homme de bien et ne déshonorez jamais votre nom. » Il m'embrassa. Je sentis ce visage ridé et sévère se presser avec émotion contre le mien; c'était pour moi le dernier embrassement paternel. Le comte de Chateaubriand, homme redoutable à mes yeux, ne me parut dans ce moment que le père le plus digne de ma tendresse. Je me jetai sur sa main décharnée et pleurai (1). »

Il y a loin de cette scène, à ce que nous avons vu de nos yeux, dans certaines familles, fort respectables d'ailleurs; nous avons vu des pères, vénérables par leur âge et leur position, implorer de leur fils un baiser qui leur était rudement refusé, avec ces paroles d'une sinistre éloquence : « Ça m'ennuie ! »

Entre ces deux maux, l'absence d'autorité ou l'absence de tendresse dans l'éducation, s'il fallait nécessairement choisir, nous n'hésiterions donc pas; nous choisirions le moindre mal, en sacrifiant la tendresse à l'autorité.

(1) *Mémoires*, t. I, p. 177.

Mais, à vrai dire, la supposition est chimérique. Sauf de rares exceptions, la tendresse sera toujours représentée et défendue, au sein de la famille, surtout dans nos sociétés chrétiennes, lors même que le père viendrait à oublier la voix du sang et de la nature. A côté du père, il y a une mère au foyer domestique. Elle est là avec son cœur, protégeant son fils contre les rigueurs d'une autorité parfois irréfléchie, s'interposant, s'exposant, au besoin, pour défendre la faiblesse. Qui donc n'a été consolé cent fois de la sévérité paternelle, hélas! trop souvent justifiée, par les caresses attendries d'une mère! Dieu savait bien ce qu'il faisait, en mettant au sanctuaire de la famille cette double personnification de son autorité et de son amour. Qu'on ne sépare donc pas ce que Dieu a uni. L'éducation publique elle-même ne doit jamais oublier que là se trouve le vrai type de toute formation parfaite. En enlevant au père son autorité, sous prétexte que la tendresse suffit, vous mettez deux mères dans la famille, et c'en est une de trop.

Aussi, et là se révèle l'instinct providentiel

du cœur de la femme chrétienne : en présence
des tristes résultats d'une éducation sans force
ni caractère, la mère, sous l'influence de sa
foi, de son amour alarmé, devient quelquefois le véritable père de son enfant. Les rôles
sont changés : c'est elle qui conserve l'énergie
de la répression et maintient l'autorité compromise par les défaillances paternelles.

Tel est en substance, le système d'éducation exposé par l'auteur. C'est, comme on le
voit, une idée contre nature, c'est le monde
renversé : la domination des enfants établie sur
les ruines de l'autorité paternelle, avec les
conséquences qui découlent logiquement de
ces étranges principes.

CHAPITRE III

LE BEAU, LA CONSCIENCE, LES PÈRES ET LES
MAITRES. — LES GOUTS, LE COURAGE.

En mettant sous les yeux du lecteur l'idée
fondamentale de cette première partie de l'ouvrage, idée sans doute enveloppée de bien
des nuages, de correctifs apparents, voire
même d'assertions contradictoires, nous avons
suffisamment indiqué l'erreur et le danger de
semblables théories.

Touchons cependant à certains détails particuliers où l'auteur s'est complu, mêlant
comme toujours, à des aperçus vrais et ingé-

nieux des notions incomplètes, quand il ne va pas jusqu'à soutenir des erreurs manifestes.

Un des chapitres est intitulé : *L'amour du beau.* Comme récit, c'est charmant; comme idée, c'est très incomplet. Le Beau, tel qu'il nous apparaît ici, ne sort guère de la beauté plastique, c'est-à-dire cette beauté résultant de l'harmonie des formes, des couleurs; il va tout au plus jusqu'à l'expression d'un sentiment vulgaire. Votre *cactus* est magnifique, votre *statue de Diane* charmante, c'est vrai; mais quand vous aurez dit à votre paysan amateur et à votre fils que cette fleur est ravissante, que cette tête, ce cou, cette taille sont des merveilles, que jamais « biche bondissant dans les bois et sautant une haie n'a paru plus légère, plus souple, plus vivante » (1), vous leur aurez donné une notion très insuffisante du Beau. Je ne dis pas une idée fausse, car vous êtes dans la voie, mais vous vous arrêtez trop tôt; vous êtes réaliste bien plus que vous ne pensez, au moins dans le choix de vos

____

(1) Tom. I, p. 118.

exemples. Mettez donc sous les yeux de vos interlocuteurs un tableau, une statue, où se reflète quelque grand et noble sentiment, le courage, la douleur, la piété filiale, l'amour maternel, la pureté, la joie, la prière, la tristesse. Montrez-leur comment l'artiste a mis là quelque chose de son âme, ou de plus élevé encore, un rayon de l'éternelle beauté, et les paroles qui suivent auront alors une sérieuse application : « Ce n'est pas l'objet qui fait la grandeur du sentiment, c'est le sentiment qui agrandit l'objet. Pourquoi? Parce que l'idée de Dieu est toujours mêlée; et si nous attachons des regards si avides sur des statues fragiles ou sur des fleurs passagères, c'est que nous apercevons confusément en elles autre chose qu'elles-mêmes, c'est que, sans que nous nous en rendions compte, derrière toutes ces beautés d'un jour flotte à nos regards l'image de la beauté éternelle, c'est-à-dire du Créateur (1). »

Belles paroles assurément, auxquelles nous nous empressons d'applaudir. Le Beau, même

(1) Tom. I, p. 120 et suiv.

le plus infime, celui qui charme nos yeux dans l'éclat de la fleur ou des pierreries, dans l'harmonieuse proportion des membres, la régularité ou le grandiose d'un monument, ce qu'on appelle le Beau matériel, est un reflet de la beauté incréée. Mais le Beau a d'autres manifestations plus éclatantes et plus complètes, plus voisines de l'idéal. Pour nous faire apprécier la lumière du soleil, pourquoi nous contenter de fixer nos regards sur la pâle clarté de l'astre des nuits ? Vous êtes incomplet, et dans un livre comme celui-ci, être incomplet à ce point, c'est être inexact.

Un autre chapitre est intitulé : *L'éducation de la conscience*. Ce titre seul est un enseignement. L'auteur a cent fois raison ; la conscience a besoin d'être formée ; on peut la fausser, la dépraver, comme on déprave le goût physique et le goût littéraire. C'est un vase également apte à contenir le parfum ou le poison. Il est des consciences que le crime ne trouble plus, il en est qu'une indélicatesse mettrait à la torture.

Ce chapitre contient d'excellents détails.

Nous nous permettrons toutefois deux observations. D'abord, en admettant la nécessité de former la conscience, l'auteur confesse, au moins implicitement, l'imperfection originelle de l'homme ; et voilà que, dans le cours du récit, Maurice, l'enfant dont il s'agit de faire l'éducation, manifeste les sentiments les plus élevés. D'où viennent ces dispositions ? Sont-elles le résultat de cette formation tacite et presque inconsciente que donnent à l'enfant, même avant l'âge de l'éducation régulière, les mœurs, le langage, les exemples des personnes qui l'entourent ? Faut-il voir là le fait d'une nature exceptionnelle et privilégiée ? Ou bien enfin, contrairement au dogme chrétien, et à la thèse qu'il semble adopter dans le titre même du chapitre, l'auteur admettrait-il que tout est bon dans l'enfant, avant que l'homme y mette la main ? Autant de questions qui se présentent à l'esprit du lecteur, en parcourant ces pages, et dont le moraliste ne donne pas clairement la solution.

L'autre observation se rapporte à la croix d'honneur. Le père avoue ingénument qu'il est épris de ce joujou ; il serait heureux, flatté, glorieux de se montrer à son fils, à sa femme, à tous les siens, et sans doute au public, avec ce bout de ruban à la boutonnière. Comment l'a-t-il mérité ? Quels services a-t-il rendus à son pays, pour obtenir cette distinction ? Allons donc ! La question n'est pas là ; on est décoré ou on ne l'est pas, voilà tout ! Le fils du futur légionnaire, si intelligent et si questionneur ordinairement, ne demande même pas comment son père pourrait tout à coup devenir un grand homme. L'occasion était belle cependant de donner à l'enfant une utile leçon sur ce fétichisme de la croix d'honneur, de lui apprendre que le ruban rouge, témoin à charge parfois contre celui qui le porte, ne prouve habituellement rien ou peu de chose en sa faveur ; qu'il est plus glorieux de mériter cette distinction que de s'en parer, etc., etc. Cette leçon est omise.

Mais, soyons juste, l'auteur en donne une autre à son fils, et nous ne pouvons qu'applaudir à sa morale, quoiqu'il fasse en cette circonstance, ce qu'on appelle de l'héroïsme à bon marché. Ce ruban qui le séduit, et lui tourne légèrement la tête et le cœur, il aura le courage de le sacrifier, plutôt que de se prêter non pas à un acte injuste, toute hésitation alors serait impossible, mais à un acte qui ne lui paraît pas d'une parfaite loyauté.

Le ministre qui dispose de la croix a un ami, et cet ami se porte comme candidat au conseil général. L'auteur combattit autrefois cet homme, dans les feuilles publiques, lui reprochant, non sans raison, d'avoir abandonné son parti par intérêt. En le soutenant aujourd'hui, ou du moins en restant neutre, il assure du même coup et l'élection de M. Loriol (c'est le nom du candidat ministériel) et sa promotion, à lui, au grade de chevalier de la Légion d'honneur. Grande est sa perplexité, car le concurrent de M. Loriol est un homme parfaitement honorable et digne de toute sympathie. Après une lutte douloureuse entre les convoitises de l'ambition et les scrupules d'une conscience alarmée, cette dernière finit par l'emporter; l'auteur soutient le candidat opposant, le fait triompher, en se condamnant lui-même, selon toute **vraisemblance**, à finir ses jours sans avoir goûté les joies de la décoration.

Au fond, la morale est parfaite ; mais plus d'un lecteur sans doute se trouvera humilié dans sa dignité d'homme, ou sourira de pitié, en voyant étaler au grand jour et exalter, comme un noble sentiment, cet appétit vulgaire et puéril de la croix d'honneur. Un homme de cœur, quand il se sent aux prises avec un tel désir, ose à peine se l'avouer à lui-même ; il en rougit ainsi que d'une faiblesse.

Mais c'est un des caractères particuliers de cette éducation mesquine, bourgeoise, qui tend à prévaloir de nos jours, d'afficher sans vergogne ni pudeur des sentiments contre lesquels proteste ce qu'il y a de meilleur en nous, et qu'il faudrait cacher, s'il est possible, comme on cache une tentation honteuse. Il y a des infirmités qu'il n'est pas décent d'exposer aux regards du public.

Ou nous nous trompons fort, ou vous applaudissez à cette ordonnance de police qui interdit aux mendiants d'exploiter la commisération des passants par l'exhibition de leurs plaies saignantes ; pourquoi ne pas être aussi délicat, quand il s'agit de ces plaies morales, non moins dégoûtantes et beaucoup plus contagieuses !!!

Dans le chapitre intitulé : *les Pères et les Maîtres*, l'auteur expose des idées justes et élevées sur la liberté d'enseignement, et stigmatise, comme il convient, les partisans d'un monopole d'autant plus odieux, qu'il est exercé par les soi-disant défenseurs de la liberté. Mais, comme de coutume, il mêle à ses aperçus judicieux des erreurs sans nombre.

Fidèle à ses principes socialistes, il ne se contente pas d'offrir le bienfait de l'instruction, il l'impose de force, substituant ainsi, au foyer domestique, l'autorité de l'État à l'autorité du père de famille : « Il n'y aura jamais trop d'écoles dans un pays, comme il n'y aura jamais trop de fontaines dans une cité, trop de fenêtres dans les maisons ; qu'importe par quelle issue entre la lumière, pourvu qu'elle entre ? S'il y a des insensés qui ne veulent pas la recevoir, forcez-les à lui ouvrir leur porte ; imposez-leur l'éducation ; expropriez-les de leur ignorance pour cause d'utilité publique (1) ! »

Qu'une autorité divinement constituée et infaillible, — privilège que vous n'oserez sans doute revendiquer pour l'État, — impose son enseignement, c'est-à-dire la vérité, avec cette rigueur et cette pression, et vous entendrez les cris de ces courtisans de l'omnipotence sociale, cris de fureur, poussés contre ce qu'ils appellent despotisme des consciences, hostilité systématique aux principes des sociétés modernes. Tant il est vrai que ces hommes si prompts à nous délivrer du joug de l'Église, sont plus prompts encore à nous imposer d'autres chaînes et moins sacrées et moins glorieuses !

Deux reproches sont ici adressés au clergé, dont on veut bien d'ailleurs reconnaître le zèle et le dévouement. D'abord, l'instruction est moins solide dans les établissements religieux que dans les établissements laïques. L'auteur émet cette assertion, sans preuves, comme un axiome. Or, le contraire est démontré par les

(1) Tome I, p. 764.

faits les plus notoires et les plus incontestables. Il nous serait facile de citer des noms,
des chiffres, de fournir des documents, si ces
choses n'étaient publiques et connues de tout
le monde. Nous pourrions à peine insister sur
ce point sans paraître d'ailleurs y mêler des
préoccupations d'amour-propre, et nous nous
bornons à signaler l'évidente fausseté de cette
assertion.

Le second reproche adressé au clergé est de
travailler dans des vues toutes personnelles,
dans un but de propagande religieuse dont le
résultat est toujours de soustraire l'enfant à
l'influence de la famille. En outre, la pression
exercée sur les consciences, dans ces établissements, quand elle ne produit pas le fanatisme
religieux, conduit infailliblement à la haine de
toute religion.

Nous en demandons bien pardon à l'auteur,
mais ces imputations sont aussi gratuites
qu'elles sont peu bienveillantes, et les familles
sans nombre qui se font un devoir et un honneur de confier leurs enfants aux soins du
clergé, protestent par leur conduite, et protes-

teraient, au besoin, par leurs paroles, contre
ces assertions qui seraient odieuses, si elles
n'étaient inconsidérées.

Le monde est plein de jeunes gens, d'hommes recommandables par leur position, leurs
talents, leurs vertus, leur science, et dont l'é-
ducation religieuse n'a fait ni des fanatiques
ni des impies. Ils ont appris, à l'école du
clergé, les vérités de la foi sans doute, mais,
en même temps, le respect de leurs parents,
l'amour de leur famille et de leur pays. Voyez
d'ailleurs où règnent encore de nos jours le
culte de l'autorité paternelle, les liens de véritable fraternité, l'esprit de famille, en un mot,
et c'est là que vous trouverez ces fortes et
saines traditions. Interrogez les hommes for-
més à cette école ; ils vous diront qu'après le
culte de Dieu, rien ne leur fut plus fréquemment et plus instamment recommandé que l'a-
mour de leurs parents.

Que si l'on voit des hommes élevés par les
soins de l'Église se tourner ensuite contre elle
et l'attaquer avec un acharnement exceptionnel, la chose est facile à expliquer : c'est le

propre de quiconque abandonne ou trahit son parti, d'être plus acharné contre les siens que les ennemis de vieille date ; cela est vrai, aussi bien pour les dissensions domestiques et politiques que pour les dissensions religieuses. Il y a par le monde des hommes nourris jadis dans le sein de l'Université et professant aujourd'hui pour elle une haine qui n'est exempte ni de fureur ni de mépris.

Que le clergé cherche à faire triompher les idées religieuses et à former des chrétiens, il ne s'en cache pas, c'est chose évidente, comme il est évident que vous travaillez à la propagation des idées socialistes. Mais vous n'êtes pas plus autorisé à voir en cela la recherche d'intérêts personnels, qu'on n'a le droit de porter contre vous cette accusation, parce que vous vous êtes efforcé de faire triompher vos doctrines au Collège de France, ou dans le livre qui nous occupe en ce moment. Vous parlez, vous écrivez, vous enseignez en faveur d'une idée qui ne peut avoir, même pour vous, que la valeur d'une opinion, et vous ne croiriez pas les autres capables de parler, d'écrire, d'enseigner avec désintéressement, pour une idée qui revêt à leurs yeux tous les caractères d'une infaillible vérité !

Venons à la formation *des goûts* dans les enfants. L'auteur appelle ainsi l'attrait ou l'aptitude à certains arts d'agrément, à certains travaux intellectuels ou matériels, en dehors des devoirs d'état, et qui remplissent agréablement et utilement les loisirs de la vie : la musique, le dessin, le jardinage, les travaux manuels, les exercices corporels, etc. Il attache à la formation de ces goûts une importance véritable, et il a grandement raison. Ces connaissances sont autant de ressources contre l'oisiveté, contre l'ennui ; celui qui les possède se trouve à même de rendre plus de services, d'être plus agréable en société, etc.

Tout cela est parfait ; mais voici que dans la pratique l'auteur semble prendre à tâche de ne voir que le petit côté des choses. Il choisit de préférence les faits les plus insignifiants, les plus mesquins, pour l'application de ses théories. Suivons-le un instant.

Mademoiselle de Mondebise, vieille folle

d'infiniment d'esprit, prenant en grippe le monde et la société qui le lui pardonnent aisément sans doute, grâce à ses cinquante ans, s'est fait un genre de vie bizarre et quelque peu grotesque. Elle cultive avec amour, avec passion, les oiseaux, les chats et les petits chiens. Sa vie est absorbée dans ces soins importants ; elle ne voit rien au delà. Le narrateur, cependant, pour faire sans doute une concession aux préjugés religieux, nous laisse soupçonner que les miettes échappées aux festins des chiens et des oiseaux ne sont pas refusées aux pauvres.

Mademoiselle de Mondebise ne se contente pas de consacrer sa fortune et de prodiguer sa tendresse à ses animaux vivants, elle leur élève des mausolées et met sa gloire à les conserver après leur mort, par un procédé d'empaillement si artistique, qu'ils semblent respirer et chanter encore. C'est mademoiselle de Mondebise qui va devenir l'inspiratrice de Maurice.

La vieille fille s'attache à l'enfant, et l'enfant s'attache à la vieille fille. Voici comment ils se sont rencontrés. Maurice, habitué aux exercices corporels, à la pêche, à la direction d'un bateau, à la natation, n'est pas moins fort en gymnastique, et grimpe aux arbres avec une rare habileté.

Il serait superbe de voir ce bambin utiliser son courage et ses talents au service de l'humanité, de le voir, par exemple, arracher au courant de la rivière un enfant qui va périr. Mais quoi ! sauver un homme qui se noie, cela se voit tous les jours ! Voici qui est plus piquant et dénote un cœur mieux né. Un des petits chats de mademoiselle de Mondebise a grimpé imprudemment au sommet d'un arbre et ne peut plus en descendre ; il pousse des miaulements consternés. Maurice arrive sur ces entrefaites ; son cœur est ému ; sans hésiter il monte à l'arbre, et une minute après le chat était sauvé.

Mademoiselle de Mondebise, cachée parmi les arbres, a tout vu. Maurice devient à ses yeux un enfant prédestiné, un héros ; elle sort de sa cachette, lui prodigue les remerciements, les bénédictions, et lui voue un culte véritable. L'enfant, introduit dans le sanctuaire zoologique, est vivement intéressé; il prend goût à ce qu'il voit. Mademoiselle de Mondebise lui rend à aimer les oiseaux pendant leur vie, à les empailler après leur mort, non pas d'une façon vulgaire, mais avec affection, « à les empailler avec le cœur ». Et le goût de Maurice est formé sur ce point.

Mais sa vieille amie devait lui apprendre un art plus difficile : celui de mourir. Frappée d'une maladie mortelle, elle veut avoir près d'elle son élève bien-aimé. Après avoir assuré par testament l'avenir de ses oiseaux et de ses autres chers pensionnaires, la mourante veut se procurer une jouissance suprême : « Mon enfant, dit-elle à Maurice, ouvre la volière... ouvre les cages... toutes !.. toutes !... je veux voir !... L'enfant obéit, et aussitôt les astrées, les chardonnerets, les bouvreuils, s'élancent hors de leur prison, et volant et chantant, et effleurant le front de la mourante, remplirent la chambre d'agonie de vocalises et d'accents de joie. Elle, radieuse, les suivait des yeux, à demi égarée, et répétait dans une sorte d'ex-

tase et en sons entrecoupés : Entendez-vous ?
Entendez-vous ? C'est le commencement du
Ciel... Ce bruit d'ailes, c'est le vol des Anges !... Ces chants... aussi les Anges... Je fais
comme eux... je m'envole ! !...

« Et cette âme poétique et pieuse s'exhala
au milieu des chants et de la lumière, laissant
dans le cœur de mon fils et dans le mien un
éternel regret, mais aussi une image éternelle
du plus pur de tous les spectacles... la mort
d'une femme de bien (1)!... »

Avouez que tout cela donnerait envie de
rire, si l'on n'était ému de pitié, pour ne rien
dire de plus. Sans doute le fait en lui-même
ne sort pas des bornes ordinaires du comique
ou du ridicule ; mais ce qui est attristant et
honteux, c'est l'importance que l'on attache à
ces niaiseries.

Il était facile à l'auteur de faire paraître,
autour du lit de la mourante, les pauvres, les
orphelins soutenus par ses aumônes ; la scène
des oiseaux eût été alors moins odieuse ; les
vertus eussent aidé à faire pardonner la

(1) Tome I, p. 233 et suiv.

manie. Mais non, il faut que la manie soit érigée en noble sentiment et passe pour un goût distingué ! Nous dirons à ce sujet ce que nous disions plus haut à propos du suicide : il est plus qu'inutile de pousser l'humanité contemporaine dans cette voie ; elle n'y est déjà que trop inclinée. Dans certains milieux, la tendresse pour les hommes diminue à mesure que se développe la tendresse pour les animaux, et ces derniers sont l'objet de soins, de dépenses, de délicates attentions que l'on n'aurait pas même la pensée de prodiguer à des pauvres.

Nous ne dirons qu'un mot sur l'*Éducation du courage*. Le père établit avec beaucoup de justesse la distinction entre la peur et la lâcheté : il est permis d'avoir peur, jamais d'être lâche.

Nous aimerions mieux voir le courage se déployer sur le champ de bataille que sur une barricade, où les coups tombent toujours sur des frères, et où l'on finit quelquefois par ne plus trop savoir de quel côté est le droit et la justice. Votre choix, comme toujours, n'est pas heureux.

En outre, vous insistez trop, beaucoup trop, sur les angoisses de la peur ; si elle n'est pas un crime, ne vous avisez pas pourtant d'en faire une vertu. Votre courage finit par devenir trop factice, trop maniéré ; c'est un courage de commande, un courage bourgeois dont beaucoup ne voudraient pas. Cet officier qui s'est conduit en héros dans une redoute, et qui donne le lendemain sa démission, pour ne plus être exposé à la peur atroce qui l'a saisi aux entrailles, sous le feu de l'ennemi, a dû être élevé d'après vos principes, ou plutôt il est de votre invention, et vous le trouveriez difficilement dans les rangs de notre armée.

DEUXIÈME PARTIE

Les Jeunes Gens

CHAPITRE PREMIER

LES PÈRES CONSTITUTIONNELS. — ERREUR ET DANGERS DES PRINCIPES EXPOSÉS PAR L'AUTEUR.

Après *Messieurs les enfants*, voici venir *Messieurs les jeunes gens*. Cette partie de l'ouvrage est, on le comprend, la plus importante, la plus intéressante et la plus délicate.

L'éducation des enfants est surtout une œuvre de patience et de dévouement; l'éducation des jeunes gens est un art, et des plus difficiles. Il demande de la science, du bon sens, du savoir-faire, et une trempe d'âme spéciale que la science et l'intelligence sont impuissantes à suppléer.

On se rappelle les portrait de « *Messieurs les enfants,* » tracé par l'auteur au commencement de ce volume. Le tableau n'est pas flatté, il faut en convenir ; les défauts des enfants y sont crayonnés de main de maître.

Mais, on s'en souvient aussi, les remèdes indiqués pour la correction de ces défauts sont presque toujours insuffisants ; bien souvent ils sont dérisoires ; quelquefois ils sont de nature à aggraver le mal au lieu de le guérir.

L'auteur ne change pas de procédé, quand il s'agit des jeunes gens. Il en fait un portrait qui n'a rien de flatteur, il s'en faut, et l'on peut même dire que *Messieurs les jeunes gens* sont encore moins épargnés que *Messieurs les enfants.* Qu'on en juge par ce qui suit : « Tout prêche la désobéissance au jeune homme. C'est d'abord la loi qui l'autorise à s'engager dans l'armée à dix-huit ans sans le consentement de son père, et lui donne ainsi la première leçon d'indépendance, la première tentation des coups de tête. C'est ensuite le mouvement social qui, ouvrant aux jeunes gens toutes les carrières publiques ou privées beaucoup plus tôt qu'autrefois, avance en eux l'heure de l'ambition et le désir de l'action personnelle. Dans un pays où l'on est quelquefois industriel ou commerçant à vingt ans, notaire, agent de change ou député à vingt-cinq, on ne peut pas rester mineur jusqu'à vingt et un an. Enfin, c'est l'esprit général du temps, cet esprit d'égalité que les jeunes gens respirent, avec l'air même, dans les collèges, dans les familles, dans les théâtres, dans les réunions privées, dans les livres, dans les journaux, et qui se manifeste chez eux par trois dispositions principales : le dédain de l'expérience ; l'impatience de la tradition, et la confiance en soi. »

« A ces faits généraux, s'en ajoutent d'autres plus particuliers et aussi importants. Aujourd'hui les fils et les pères ne sont presque du même avis sur rien. En politique, en philosophie, en littérature, en religion, le dissentiment entre eux est complet et manifeste. »

« Autrefois les fils cachaient ou atténuaient cette divergence d'opinions ; aujourd'hui ils l'affichent, et volontiers l'exagèrent. Autrefois les fils croyaient bien que leur père avait quelquefois tort ; mais aujourd'hui ils croient toujours avoir raison. Autrefois leurs sentiments respectifs différaient comme leurs âges ; aujourd'hui ils diffèrent en sens inverse de leurs âges. Ce sont les pères qui sont jeunes, ce sont les fils qui sont mûrs. Ce sont les pères qui ont des illusions, ce sont les fils qui s'en moquent. Ce sont les pères qui croient à l'amour, ce sont les fils qui croient à l'argent. Ce sont les pères dont la fibre tressaille au seul mot *des bords du Rhin*, ce sont les fils qui traduisent patriotisme par chauvinisme. »

« On peut dire que le pouls des pères bat à quatre-vingts pulsations par minute ; le pouls des fils n'en a guère que soixante ; la fièvre a changé d'âge, » etc.

« Il est une question pourtant où la jeunesse reste ou redevient la jeunesse : c'est la liberté. Rien de plus évident que le réveil des idées de liberté parmi les jeunes gens. Leur salut est là ! Quand cette étincelle brille dans le coin d'une âme, soyez sûr que le foyer se ranimera bientôt tout entier. C'est à la liberté qu'on peut appliquer le mot de l'Évangile : Aimez-la, et vous aurez tout le reste par surcroît, » etc.

« Enfin je trouve une autre cause de désaccord et de lutte dans une maladie sociale qui nous vient d'Angleterre, qui date de trente ou quarante ans, à peu près, et qui a infecté une partie de la jeunesse, c'est la passion du confort. Je rends grâce au développement du bien-être dans le peuple des villes et des campagnes ; car le bien-être chez l'ouvrier et le paysan signifie santé... Le bien-être a introduit sous le toit des classes populaires leurs trois meilleurs amis : l'air, le jour et l'eau. »

« Dans les classes aisées, rien de pareil. Avec le confort y sont entrés les plus mortels ennemis de la jeunesse ; car le confort y veut dire luxe, mollesse et oisiveté. Qu'est devenu le temps où le mot : une chambre de jeune homme, représentait un petit logis dans la maison de nos parents, au cinquième étage, avec un plafond lambrissé et parfois une fenêtre en tabatière? Pour nous chauffer, un poêle; pour travailler, une table de bois blanc; pour nous laver, un pot à l'eau et une cuvette en porcelaine grossière; pour nous regarder, un miroir de quelques centimètres dans un cadre de bois peint; pour enfermer nos habits, une commode bien incommode; pour garantir nos pieds du froid des carreaux, un morceau de tapis placé sous la table; pour nous asseoir, trois chaises, et chez les plus riches, une vieille bergère. »

« Entrez aujourd'hui dans la chambre d'un jeune homme riche; il n'y a pas de quoi s'y asseoir, il n'y a plus que de quoi s'y coucher. Ce ne sont que des fauteuils renversés, fauteuils à bascule, fauteuils à oreillers, larges divans à larges coussins, rideaux ouatés, cheminée doublée de calorifère, tapis épais comme une toison! Et quel cabinet de toilette! Suis-je chez une princesse du quartier Bréda, ou chez le fils d'un président de tribunal? Un outillage pour les mains à se croire devant une vitrine de coutelier! Vingt flacons d'essences diverses!

Un système de brosses aussi ingénieux que compliqué : il y en a de recourbées en creux, il y en a de recourbées en relief. Il y en a de longues, il y en a de larges, il y en a de dures, il y en a de moelleuses ! Toute la simplicité de la maison est réfugiée dans la chambre du père, voire de la fille ! Même recherche pour la table. Certes, nous ne dédaignions pas jadis un bon dîner, et nous savions faire fête à une bouteille de vin ; mais au moins nous ne nous y connaissions pas ! Aujourd'hui les jeunes gens sont gourmets, délicats, difficiles. Ils font de l'amour du confort un dilettantisme. Où est le mal? dira-t-on. Le mal, c'est qu'on ne travaille pas dans un fauteuil renversé. Le mal, c'est qu'on devient esclave d'un bon tapis et d'un bon mets! Le mal, c'est qu'on hésite à entreprendre un voyage dur, mais utile, parce qu'on ne peut pas traîner tout son attirail de coiffeur avec soi ! Le mal, enfin, c'est qu'on en arrive à sacrifier même sa conscience à son cher confort... De là, des pères aux fils, mille reproches légitimes repoussés par mille reproches souvent amers ; de là enfin mille débats incessants, sur le vrai champ de bataille de la famille, sur la question d'argent... Les fils se regardent volontiers comme copropriétaires du bien paternel ; ils comptent moins ce que le père donne que ce qu'il garde, et beaucoup d'entre eux trouveraient juste de cumuler les avantages du système américain et du système français, c'est-à-dire d'être indépendants comme les jeunes Yankees que leurs pères ne dotent pas, et pensionnés comme nos fils dont nous restons les caissiers, même quand nous ne sommes plus leurs maîtres. » (T. II, pages 3, 4 et suiv.).

Après ce tableau que l'auteur lui-même appelle un sombre tableau, et certes personne n'aura la tentation d'y contredire, n'est-on pas en droit d'attendre, qu'en habile médecin, il va proposer un remède énergique aux maux qu'il vient de peindre au vif, et aux vices qu'il vient de stigmatiser avec tant d'éloquence ? Car il ne nie pas qu'il y ait là un grand mal.

« On ne m'accusera pas de cet optimisme aveugle qui ne croit au bien que parce qu'il ne voit pas le mal, ou le nie. Oui, je vois le mal !

Je le vois tel qu'il est, profond, tenace ! Je le signale ! Je le déplore ! » (Page 10.)

C'est fort bien ; mais le remède ? Car vous le dites d'une façon charmante, comme toujours : « On n'empêche pas sa maison de brûler en criant : ma maison brûle. » (Ibid.)

Eh bien, le remède, d'après l'auteur, le voici : l'autorité périclite dans la famille, il faut y remédier par la tendresse et la vertu. « Les coupables sont les fils, mais ceux qu'il faut corriger ce sont les pères. »

Je sais qu'il explique sa pensée d'une manière fort ingénieuse, et qui pourrait donner le change au lecteur inattentif. Voici son raisonnement : c'est le père qui doit faire l'éducation de son fils, il faut donc instruire le père ; il faut le mettre à même de remplir dignement cette grande mission.

Rien de plus certain ; les pères de famille, et en cela nous sommes pleinement d'accord avec l'auteur, peuvent avoir besoin de conseils ; dans tous les cas, ils ont absolument besoin d'être vertueux, pour bien élever leurs enfants. Mais ceci est une vérité banale, tant elle est évidente. Vous dites une chose non moins incontestable, lorsque vous ajoutez, que plus l'autorité du chef de famille périclite, plus celui-ci y doit suppléer par la vertu. Mais vraiment, là n'est pas la question.

La question la voici : l'esprit moderne, comme vous l'appelez, c'est-à-dire la théorie de la liberté et de l'égalité, au foyer domestique, est-il conciliable avec les principes d'une bonne et saine éducation? Faut-il prendre son parti de voir disparaître de la famille le principe d'autorité, dans la persuasion que la tendresse et la vertu des parents parviendront à y suppléer?

Telle est bien, si je ne me trompe, votre doctrine. Et vous savez que quelques-uns de vos coreligionnaires politiques sont en complet désaccord avec vous sur ce point; tellement en désaccord, que vous essayez de les réfuter.

« Nous admettons l'esprit moderne dans la vie sociale, dit M. Cuvillier-Fleury, parce que là il régénère; mais nous le repoussons dans la vie privée, parce que là il ne fait que détruire (1). »

(1) *Nouveaux Mélanges et Portraits littéraires.*

A cela vous répondez : « La famille et la société ont subi toutes deux les mêmes transformations. Ce sont les mêmes idées, les mêmes sentiments qui, depuis dix-huit cents ans, ont graduellement affranchi les roturiers et les fils. »

« Ces deux révolutions se résument dans le même fait : l'avènement de tout être humain au titre de créature immortelle et libre. » (Page 12.)

Nous n'exagérons donc rien : vous ne vous contentez pas de voir le mal ; après avoir dit que vous le déplorez, en réalité vous l'acceptez tout en cherchant à neutraliser ses ravages, il faut vous rendre cette justice.

Ne serait-il pas plus simple de s'attaquer au mal lui-même, c'est-à-dire de défendre, de fortifier l'autorité paternelle, puisque cette base de toute éducation est si fortement ébranlée ?

Si vous voyiez votre fils menacé d'infirmités précoces ; si vous voyiez ses membres se déformer, s'atrophier, souffririez-vous qu'un médecin vînt vous dire : « Mon ami, acceptons la situation ; cet enfant sera difforme, il est vrai, mais nous tâcherons de lui rendre son état supportable ; nous couvrirons de beaux vêtements ses membres malades ; nous dissimulerons le mieux possible ses infirmités ; la chirurgie moderne a de gr ndes ressources, elle a inventé de merveilleux appareils ; vous verrez que votre fils ne sera ni trop laid ni trop malheureux. »

A ce raisonnement, vous répondriez, et tous les pères répondraient avec vous : « Avant tout, essayons d'empêcher l'infirmité ; c'est là l'essentiel, et ce n'est pas toujours impossible. Enrayons le mal, guérissons-le ; il sera bien temps de trouver des palliatifs, si le malheur qui nous menace ne peut être évité ! »

Or, vous êtes ce médecin, quand vous laissez arracher la pierre angulaire sur laquelle repose l'éducation, tout en proposant d'orner gracieusement l'édifice, dont vous laissez consommer la ruine.

Et si vous prétendez que le mal dont nous souffrons est irrémédiablement entré dans nos mœurs, nous vous répondrons qu'on ne pres-

crit pas contre le droit naturel ; que le fait dont
vous constater l'existence, n'est point un fait
légitime, qu'il n'a et ne pourra jamais avoir
que le caractère d'un abus. Et ce que vous
dites des excès de pouvoir sous l'ancien régime
ne justifie en rien vos doctrines ; on ne remédie pas aux abus du pouvoir par les abus de la
liberté.

Je n'ai pas à parler ici de notre état social ;
nous sommes sur le terrain de la famille,
c'est-à-dire sur un terrain réservé et sacré ! Et
je dis que dans ce sanctuaire, antécédemment
à toute loi humaine, à toute constitution sociale, il y a des lois et des principes auxquels
personne n'a le droit de toucher. De droit
divin et naturel, le père est au-dessus de son
fils, et en vertu du même droit, celui-ci doit
respecter son père : *Tes père et mère honoreras.*
Et c'est ce sentiment inné, indestructible, qui
rend possible l'éducation des enfants. Cette
autorité, ou ce pouvoir, le nom importe peu,
que Dieu a donné au père, et qu'aucune constitution ne peut détruire, n'est point une
chose acquise, ni le résultat des vertus ou des

bienfaits des parents ; c'est le droit de la nature, et c'est aussi, grâce à Dieu, l'éternelle barrière qu'opposera toujours la conscience paternelle à la prétendue omnipotence de l'État au sein du foyer domestique.

Que si, après cela, il vous plaît de distinguer entre le *pouvoir* et *l'autorité*, nous n'y voyons aucun inconvénient ; il suffit de définir et de s'entendre.

« Le *pouvoir*, dites-vous, est un fait. Il n'a que la valeur d'un fait ; ceux qui l'exercent n'ont pas besoin pour l'exercer de l'adhésion de ceux qui le subissent. »

« Tout autre nous apparaît *l'autorité*. Elle est chose morale ; c'est sur les âmes qu'elle doit régner. Il lui faut le consentement de ceux qui se courbent sous son empire ; elle suppose la vertu dans celui qui l'obtient et la vénération dans celui qui l'accepte. » (Pages 16, 17.)

Nous aurions nos réserves à faire sur cette assertion : « le *pouvoir* est un fait et n'a que la valeur d'un fait » car, à nos yeux, s'il y a des pouvoirs de fait, il y a aussi des pouvoirs de droit, entre autres le pouvoir du père de famille. Mais si vous voulez distinguer entre le *pouvoir* et l'*autorité*, que ce soit à la condition de ne pas séparer ces deux forces : mettez le *pouvoir* au point de départ et à la base, et que l'*autorité* devienne un moyen, non de le suppléer, mais de l'exercer, de le diriger, de le modérer, d'en prévenir les écarts et d'en assurer le succès.

Il est aisé de voir en quoi nous partageons et en quoi nous renions les doctrines de l'auteur. Pour lui, l'autorité morale est tout, ou à peu près ; le pouvoir paternel n'est guère qu'un souvenir d'un autre âge : « Le temps des pères constitutionnels est venu. » (Page 18.)

Certes l'autorité morale est un puissant moyen d'éducation ; tous les pères dignes de ce nom doivent s'efforcer de l'acquérir. A cet égard, nous sommes absolument d'accord avec vous. Mais nous ajoutons que si, par malheur, un père ne parvenait pas à conquérir cette autorité, par son caractère et ses vertus, le fils n'en reste pas moins obligé au respect et à la déférence envers l'auteur de ses jours.

Or, si tout est conventionnel et acquis dans l'autorité paternelle ; s'il n'y a pas là une base inébranlable, qu'aucune main ne peut toucher sans sacrilège, vous arriverez, un jour ou l'autre, non pas accidentellement, mais logiquement et presque légitimement, à cette odieuse conséquence qu'un fils méprisera son père, parce que celui-ci n'a pas su acquérir cette autorité morale qui est tout à vos yeux. Tandis qu'un fils, pénétré de cette maxime que le père, dans la famille, représente l'autorité divine, le respecte et lui obéit d'instinct, lors même que ce dernier n'aurait pas toutes les vertus que réclame l'honneur de la paternité. Et il n'est pas rare de rencontrer ce sentiment de déférence naturelle, là même où le fils n'a que trop de raisons de ne pas estimer en tout la conduite paternelle.

Sur le terrain de l'éducation, les théories de l'auteur nous paraissent donc absolument défectueuses. A part de rares exceptions, elles ne peuvent qu'aboutir au renversement des rôles dans la famille. Trop souvent la volonté ou les caprices des fils deviennent une loi devant laquelle tout le monde doit plier. Et le père, pour n'avoir pas su imposer à temps son autorité, en est réduit à supporter silencieusement des désordres qui le désolent et l'humilient. Et s'il tente de réagir contre une situation où sa fortune et l'honneur de son nom peuvent se trouver compromis, presque toujours il rencontre en son fils une résistance, trop expliquée, hélas ! sinon justifiée par la présence de cet *esprit moderne*, auquel il a si complaisamment ouvert les portes de sa maison.

CHAPITRE II

LE TRAVAIL ET LA DOULEUR. — FILS PLUS INSTRUITS QUE LEURS PÈRES.

Après cet exposé de principes, sur lequel, on le voit, bien des réserves semblent nécessaires, l'auteur reprend son journal et rentre dans la forme dramatique.

C'est une joie, il faut le dire, et un repos pour le lecteur de parcourir les pages charmantes intitulées : *Le Travail et la Douleur.* Elles sont d'un intérêt palpitant, gracieuses comme récit, fortifiantes comme doctrine. Le père y donne à son fils, avec une rare intelligence, des leçons de courage et d'énergie, d'autant plus éloquentes qu'elles sont appuyées sur des faits, et confirmées par les grands exemples de l'histoire.

La douleur, à ses yeux, est une rude mais utile compagne de la vie. Elle grandit l'homme qui ne se laisse pas dominer et écraser par elle. C'est un ressort d'autant plus puissant qu'il est plus comprimé. Le devoir accompli dans la douleur est plus glorieux et plus fécond. « Si l'on supprimait de la vie ce qui se fait au sein de la douleur et en dépit d'elle, on en supprimerait la moitié la plus utile, peut-être la plus belle. Ce serait rayer, souvent du même coup, des langues humaines, les mots sacrifice, dévouement, devoir... Ce serait effacer la plus grande preuve de l'existence de l'âme et de sa supériorité sur le corps. » Et il ajoute cette réflexion si juste : « Les hommes se croient tour à tour beaucoup plus faibles et beaucoup plus forts qu'ils ne le sont réellement : plus forts quand il s'agit de leurs plaisirs, plus faibles quand il s'agit de leurs devoirs. » (Pages 32, 33.)

Le chapitre qui suit : *Les fils plus instruits*

que les pères, offre aussi un grand intérêt.

C'est un dialogue entre le père et un directeur d'école municipale, fort au courant de tout ce qui tient à l'instruction et à l'éducation du peuple.

Le directeur a touché au doigt, pendant quinze ans, les inconvénients qu'entraîne au sein des familles la différence d'instruction entre les fils et les pères. Il cite des exemples navrants d'ingratitude et de sot orgueil de la part des fils devenus savants, et traitant leur père avec une hauteur pleine de mépris. Il s'étend longuement sur ce sujet, trop longuement peut-être, pour l'honneur des enfants du peuple, où, nous aimons à le croire, une telle conduite est moins la règle que l'exception.

Quoi qu'il en soit, le directeur n'est pas homme à renier sa profession, à condamner l'instruction, à mettre la lumière sous le boisseau, pour éviter les inconvénients qu'il signale et qu'il déplore.

Deux choses le consolent et l'encouragent dans la rude tâche qu'il a entreprise. Son expérience lui a appris que l'ingratitude du jeune homme plus instruit que son père n'est point définitive ; que ce n'est qu'un premier mouvement, « une première peau qui tombe avec les années. Le maniement des choses est une seconde éducation qui corrige et complète la première. Rien ne nous aide à comprendre et à aimer notre père, comme d'avoir eu affaire avec les autres hommes. » (Page 51.)

On ne peut le nier, il y a beaucoup de vrai dans cette appréciation. L'expérience et la réflexion corrigent fréquemment dans l'homme fait, des défauts et des travers dont il n'avait pas su s'affranchir dans la jeunesse. Mais cela n'arrive pas toujours cependant ; les vices de l'enfance laissent souvent des traces jusque dans l'âge mûr et parfois dans la vieillesse.

Aussi le directeur, à côté de ce premier remède, qui est le fruit du temps et de l'expérience, a-t-il grandement raison d'en indiquer un autre qui puisse empêcher l'ingratitude de prendre racine dans l'âme de l'enfant. Ce remède, c'est une forte *éducation morale.*

« Mon programme est bien simple : rendre les enfants assez droits de cœur pour leur apprendre à mesurer leur reconnaissance et leur respect envers leurs parents à la distance même qui les sépare d'eux. Car cette distance, qui l'a faite? Les parents eux-mêmes. A quel prix? A force de sacrifices et de tendresse. » (Page 52.)

Sur ce programme nous n'avons qu'une observation à faire : le but est excellent sans aucun doute, mais on ne dit pas assez clairement par quel moyen on s'efforcera de le réaliser. L'élément religieux qui nous paraît indispensable pour obtenir ce résultat n'est pas même indiqué par l'auteur.

C'était le moment aussi, puisque vous parliez de la morale et du devoir, ces grandes choses qui sont le fond même de la vie humaine, d'en donner une notion exacte, de dire quelle est leur origine, leur nature et leur sanction, oui, leur sanction ; car finalement la morale et le devoir dépourvus de sanction ne sauraient être que des mots vides de sens.

CHAPITRE III

LA QUESTION RELIGIEUSE. — OBJECTIONS CONTRE LA DOCTRINE CATHOLIQUE ; RÉPONSES.

Nous voici au point capital de l'ouvrage ; nous touchons à la question religieuse.

L'auteur se déclare déiste. Il combat le matérialisme comme une doctrine antiphilosophique et antisociale. A ses yeux, le matérialiste ne peut rester honnête homme que par inconséquence.

Mais en admettant l'existence d'un être infini, *créateur* et *gouverneur* du monde, il se fait gloire de n'être ni chrétien, ni surtout catholique.

Toutefois il croit à la mission divine du

Christ, c'est sa divinité qu'il ne peut admettre. « Que le Christ ait été l'envoyé de Dieu, je n'en doute pas ; mais qu'il soit Dieu lui-même, voilà ce qui dépasse ma compréhension. Voilà le point où s'arrête invinciblement ma raison. » (Page 80.)

Et cependant, si le Christ est l'envoyé de Dieu ; s'il parle en son nom, il faut recevoir sa doctrine et ses enseignements comme l'expression même de la pensée de Dieu.

Mais ne savez-vous pas que tout l'enseignement du Christ repose sur sa propre divinité ? C'est comme Dieu qu'il parle, comme Dieu qu'il agit, comme Dieu qu'il rachète le monde, comme Dieu qu'il établit l'Église.

C'est pour expier cette affirmation de sa divinité que les Juifs le font mourir.

Vous dites trop ou trop peu, en parlant de Jésus-Christ. S'il est l'envoyé de Dieu, si le caractère propre de sa doctrine est l'affirmation de sa divinité, c'est qu'il est Dieu. A moins que Dieu ne l'ait chargé de tromper le genre humain, ce que vous n'admettrez certainement pas.

S'il n'est pas Dieu, vous ne pouvez faire de lui qu'un vulgaire imposteur. Car se déclarer Dieu, quand on n'est qu'un homme, c'est le comble de l'imposture.

Rejetez donc le Christ, ou admettez le tout entier, tel qu'il s'est présenté au monde, tel que l'adorent les chrétiens.

Les Juifs et les païens, plus conséquents que vous, n'ont pas hésité ; ils ont déclaré le Christ un insensé ou un fourbe, et l'ont traité en conséquence, en l'attachant à la croix, et en persécutant son œuvre.

Il ne vous est donc point loisible d'accepter une partie de sa doctrine, en repoussant l'autre.

Et si vous objectez que le dogme d'un *Homme-Dieu* déconcerte votre raison, je vous répondrai par vos propres paroles. Vous admettez un Dieu personnel, créateur du monde, et vous avouez que le mystère de la création est aussi incompréhensible que l'incarnation et la Trinité. « Les matérialistes diront à mon fils, ce qui est vrai, que mon déisme n'est ni moins absurde, ni plus intelligible que son catholicisme. Ils lui diront que la Trinité et l'Incarnation ne sont pas des mystères plus difficiles à accepter que l'existence d'un être créateur et n'ayant jamais été créé.» (Page 115.) « Et qu'importe l'incompréhensible ! Le monde tout entier est-il autre chose qu'un insondable mystère ! » (Page 122.)

Vous admettez donc, vous croyez ce que vous ne pouvez comprendre. Nous verrons tout à l'heure ce que valent vos objections contre la doctrine catholique. En attendant, suivons votre journal :

La mère de Maurice est une fervente catholique. Sa piété douce et tendre lui fait supporter avec une angélique résignation des souffrances parfois intolérables. Son mari lui-même rend témoignage aux merveilleux effets produits en elle par les sacrements de l'Église. « Mon fils, dit-il, j'ai vu des visages de mourants s'éclairer de la lumière de l'espérance en recevant l'hostie sainte ; j'ai vu dans l'église, au sortir de la sainte table, des fronts de jeunes filles tout illuminés d'un rayon de la foi ; j'ai vu la mère au milieu des convulsions de la douleur, soudainement apaisée par la communion, sourire à ses souffrances. » (Page 123.)

Maurice, élevé par sa mère, hérite de sa foi et de sa piété. Tous deux ont pour directeur un jeune prêtre d'une haute distinction et d'une grande vertu ; c'est l'abbé Lauriel. « Il possédait tout ce qui attache au monde ; sa naissance était presque illustre ; sa fortune considérable, sa jeunesse pleine de grâces et d'espérances. Il a tout sacrifié pour entrer dans les ordres, et si j'ajoute que chaque jour il lui faut triompher héroïquement d'une santé détruite ; qu'il traîne impitoyablement un corps débile, long et mince, à travers les austérités de la vie religieuse, et toutes les fatigues de la vie de direction ; qu'enfin cet ensemble de vertus et de talents est encore relevé par une élégance native qu'il tient de sa race, et qui se retrouve jusque sous sa soutane noire, on comprendra sans peine quel peut être son empire sur les imaginations jeunes et enthousiastes. Si pure que soit cette influence, elle m'effraye. L'abbé

Lauriel appartient à l'ordre des jésuites. »
(Pages 101, 102.)

L'influence et les conseils de ce jésuite redouté par le père, ne semblent pourtant pas avoir eu dans la famille de trop fâcheuses conséquences. Nous avons vu ce qu'ils ont fait de la mère ; voici ce qu'ils ont fait du fils : « Quand vint pour mon fils l'époque de la première communion, sa mère redoubla d'ardeur. L'impression qu'en reçut Maurice fut profonde. Un de mes amis, grand voltairien, me dit un jour : *Je ne sais pas comment s'y prennent ces gueux de calotins, mais mon fils depuis qu'il se prépare à la première communion, travaille mieux... nous aime mieux... C'est incroyable !* Mon fils aussi, sous cet empire, devient à la fois plus ferme et plus tendre, etc. » (Pages 96 et suiv.)

Si l'arbre se reconnaît aux fruits, avouons qu'il est difficile d'incriminer une religion qui produit de tels résultats. Et pourtant c'est là que l'auteur veut en venir : il n'a pas d'autre dessein.

Mais il faut trouver un prétexte pour engager la lutte. Maurice va nous le fournir.

« La première communion terminée, ma femme désira faire suivre à son fils le catéchisme de persévérance. J'y consentis non sans quelque hésitation ; mais la seconde année, un fait étrange vint me montrer le péril de ma condescendance, et me rappeler le mot de mon ami : « J'ai peur des mères dans les questions religieuses. » Au sortir d'un sermon sur les peines éternelles, Maurice courut, tout hors de lui, se jeter dans les bras de son plus cher camarade qui était protestant, et le supplia ardemment d'embrasser la religion catholique. Son ami répondit à ces étranges instances par des refus et des moqueries. Mon fils redoubla de prières, et à ses prières se mêlaient des larmes, des sanglots ! Il voyait déjà son ami damné. Les larmes ayant échoué comme ses supplications, il se précipita sur son camarade avec fureur, fureur pleine de tendresse, et le battit tant qu'il eut de force, pour le contraindre à se convertir. » (Pages 98 et suiv.)

On avouera que l'invention n'est pas absolument heureuse, outre qu'elle est assez invraisemblable, pour ne pas dire ridicule. Mais en

admettant comme vraie l'incartade de Maurice,
nous ne voyons pas bien ce qu'elle prouverait
contre l'éternité des peines. Le jeune homme
avait besoin d'être calmé, et vous pouviez le
faire d'un mot : « Mon fils, vous n'avez pas
mission pour prêcher l'Évangile. Dans tous les
cas, cette manière d'imposer vos croyances à la
force du poignet est fort incorrecte et peu conforme à la douceur chrétienne ; veuillez modérer votre ardeur et épargner les épaules de vos
amis. » Rien n'était plus simple, et Maurice,
docile et intelligent comme on le connaît, gar-
dait ses croyances et laissait ses amis en repos.
Le père trouve plus piquant, après lui avoir
prêté une sottise, de partir de là pour lui inter-
dire le catéchisme de persévérance.

Mais nous ne sommes qu'au début, Maurice
assez paisible pendant quelque temps ne s'a-
vise-t-il pas, un beau matin, de demander à
son père de l'accompagner à l'autel avec sa
mère, assurant que ce jour-là il serait le plus
heureux des fils.

Cette fois, le père n'y tient plus ; mille som-
bres pensées viennent assaillir son esprit.

L'abbé Lauriel a fasciné son malheureux enfant; peut-être le pousse-t-il à quitter le monde et à embrasser le sacerdoce! Il est grand temps d'aviser. Le père va trouver le religieux, lui ouvre son âme et lui confie ses terreurs. L'abbé Lauriel le rassure au sujet de la vocation de Maurice qui n'a jamais songé à quitter le monde; mais il ne peut nier qu'il y ait un profond désaccord entre les croyances du père et celles de l'enfant. Toutefois, refusant de s'interposer entre eux, il abandonne au père le soin de rétablir, s'il est possible, l'harmonie entre deux âmes que des abîmes menacent de séparer. « Nul n'a droit, dit-il, d'intervenir entre deux consciences comme les vôtres, et je m'en fie à celui qui vous a guidé par la main dans votre mission paternelle, pour vous aider à résoudre ce qui me paraît insoluble, à guérir ce qui me paraît incurable. Je n'ajoute plus qu'une parole, celle que vous-même m'avez dite : N'entraînez pas votre fils à ce que je regarderais comme sa perte. » (Page 106.)

mais pas un prêtre, digne de ce nom, n'eût pris cette attitude purement passive, en pareille circonstance. Maurice n'était pas là ; on n'avait pas à craindre de troubler son âme par une discussion où l'autorité de son père, ou de son directeur spirituel pouvait se trouver compromise. Deux hommes étaient en présence ; quoi de plus simple, de plus naturel, qu'une explication aussi cordiale que sérieuse sur les points qui divisaient le fils et le père ! L'abbé Lauriel abandonne le malheureux Maurice à une discussion, où les chances sont absolument disproportionnées : un jeune homme, presque un enfant, en face d'un homme dans la maturité de l'âge ; un fils en présence de son père !

Je le répète, le prêtre ici est au-dessous de sa mission, et s'il n'avait pas à intervenir entre le fils et le père, il pouvait, il devait s'efforcer de montrer à celui-ci, qui l'y autorisait en quelque sorte par sa démarche et sa confiance, que les croyances de son fils étaient aussi raisonnables que sacrées, et qu'il ne pouvait sans crime essayer de les arracher de son cœur. L'abbé ne dit rien de tel, et le père, fort de cette espèce de neutralité, entreprend de rétablir l'accord entre l'âme de Maurice et la sienne; et comme l'enfant est chrétien et lui déiste, il ne s'agit de rien moins que de renverser dans l'âme du jeune homme la barrière de croyances qui sépare le christianisme du déisme pur.

Avant d'accomplir cette œuvre cependant, avant de ruiner dans cette jeune et pure intelligence, tout ce qui jusqu'ici avait fait sa force et son bonheur, avant d'anéantir cette foi, où l'enfant avait puisé la pureté, l'obéissance et les plus charmantes vertus, le père hésite, il est troublé comme un homme qui va commettre un crime : « Quand mon bonheur devrait y périr, je n'en devrais pas moins laisser sa croyance à mon fils ! car qui m'autorise à lui arracher une doctrine qui, en définitive, ne lui a fait que du bien? » (Page 117.) Puis il se rassure : « Car il ne s'agit pas, après tout, d'arracher mon fils à une croyance qui ne lui a fait que du bien, mais d'empêcher qu'elle ne lui fasse du mal. Mille exemples me prouvent que je ne rêve pas là une œuvre impossible. Je vais trouver Maurice, et nous sortirons, j'espère, de notre entretien, lui sans avoir rien perdu de ses convictions, moi, sans avoir rien renié de mes opinions, tous deux affermis dans notre union par les principes mêmes du dix-neuvième siècle. » (Page 119.)

Si le lecteur comprend, il est plus heureux que nous. Nous avouons en toute humilité ne pas comprendre, comment un catholique qui professe la nécessité de croire à la révélation, et le déiste qui la nie, peuvent, en gardant respectivement leurs croyances, se trouver d'accord sur le terrain religieux, même en appelant à leur aide les *principes du dix-neuvième siècle*. Mais venons aux objections.

En réalité, il n'y en a qu'une, et c'est moins une objection qu'une accusation ; la voici en substance : si le catholicisme n'est pas amendé et purifié par les principes du dix-neuvième siècle, c'est-à-dire s'il n'admet pas la liberté de conscience, et ne renonce pas à se prétendre la seule religion véritable, il ne peut être qu'un système socialement dangereux et doctrinalement insoutenable. Socialement dangereux, « car tous tous les crimes qu'il a commis, et il en a commis d'affreux, partent tous d'une seule cause : il a méconnu le principe de la liberté de conscience. » (Page 128.)

Doctrinalement insoutenable; « car dans le présent comme dans le passé, dans la vie privée comme dans la vie publique, le catholicisme a produit et produit encore tout ensemble les plus hautes vertus et parfois les vices les plus bas ». « Tu verras des dévots menteurs, des dévots méchants, des dévots iniques. Tu verras des dévotes, non seulement ne rien perdre de leurs défauts par leur dévotion, mais tirer de leur dévotion même un vice de plus, l'orgueil. Donc, la religion catholique n'est pas plus la seule manière d'aller au bien que la seule manière d'aller à Dieu. » (Page 130.)

De plus n'est-il pas absurde et abominable d'admettre « que tous les mérites antérieurs ou étrangers au christianisme ne comptent pas! Tout ce que l'antiquité a produit d'héroïsme, ou tout ce que les nations lointaines

déploient de vertus, sera-t-il rejeté comme
œuvre impure? » (Page 125.) « Enfin aujour-
d'hui même le catholicisme compte deux cents
millions de fidèles. La terre compte plus de
huit cents millions d'habitants. Le catholicisme
ne règne donc que sur le quart du globe. Si le
Christ est Dieu, ou pour mieux dire, parce ce
qu'il est Dieu, un tel fait ne peut exister
qu'autant qu'il le 'permet. Lui seul a pu poser
des limites à l'épanouissement complet de sa
religion. Quel est le secret de son dessein? Je
ne sais, et je n'ai pas besoin de le savoir, ce
n'est qu'un mystère à ajouter à tant d'autres
mystères. Mais si le motif de sa volonté est
insondable, sa volonté même est incontestable. Donc des êtres privés par sa volonté seule
de la connaissance de sa religion, ne peuvent
pas être rejetés par lui à cause de cette ignorance. » (Page 129.)

On le voit, l'auteur n'a qu'un grief essentiel
contre le catholicisme, c'est de se prétendre la
religion définitive de l'humanité, de s'arroger
le droit absolu et exclusif de parler au nom de
Dieu, et de déclarer par là même toute autre

religion incomplète, insuffisante ou erronée.

Cela lui paraît tout à fait exorbitant, vu qu'il y a dans le catholicisme des hommes imparfaits, des dévotes odieuses ou ridicules, voire même des coupables et des criminels. Exorbitant surtout, parce que l'antiquité ayant ignoré cette doctrine, et des peuples nombreux l'ignorant encore aujourd'hui, des multitudes d'hommes auraient été ou seraient par là même dans l'impossibilité de se sauver.

Nous commencerons par répondre que nous ne savons pas bien quels sont ces crimes affreux que l'auteur impute au catholicisme ; il oublie ou néglige lui-même de les indiquer. Il faudrait pourtant être précis, quand on prend ainsi le rôle d'accusateur, et que les accusations sont si graves.

Ce qui est universellement admis, à l'encontre de telles assertions, c'est que le catholicisme a été très souvent, presque toujours, en butte à la persécution, comme le Christ d'ailleurs le lui avait prédit ; que le sang de ses martyrs a coulé sur toutes les plages du monde ; qu'aujourd'hui encore on compte les pays où la liberté lui est sincèrement et complètement accordée. Ce qui n'est pas moins avéré, c'est qu'il a produit, depuis dix-huit siècles, et qu'il produit encore tous les jours des vertus incomparables, que le paganisme n'a pas même soupçonnées, et qu'on chercherait vainement en dehors de lui.

Que s'il y a parmi les catholiques des dévots méchants, des dévotes ridicules ; s'il y a eu dans le passé, s'il y a encore parmi eux des coupables et des criminels, cela tient sans doute, et nous sommes surpris d'être obligé de rappeler ces notions élémentaires à un homme qui se pique de philosophie, cela tient, disons-nous, à la liberté humaine que le catholicisme ne détruit pas.

Vous trouverez aussi, dans les familles les plus respectables, et gardiennes scrupuleuses de tous les principes de l'honneur, des enfants qui oublient les leçons de sagesse et de vertu qu'ils ont reçues de leurs parents, et se livrent à tous les excès. Pour incriminer les parents, il faudrait montrer que l'inconduite de leurs enfants est la conséquence de leurs maximes ou de leurs exemples. Autrement on les plaint et on les console.

Pour parler avec quelque apparence de raison des prétendus crimes du catholicisme, de ses défauts, de ses travers, il faudrait me montrer, non pas des catholiques imparfaits ou coupables, mais me signaler un acte criminel, une injustice, ou même une pure imperfection approuvés, encouragés, ou simplement tolérés par la doctrine catholique. Montrez-moi un défaut qu'elle n'oblige pas à combattre, un crime dont elle n'exige pas le désaveu et l'expiation.

Le catholique n'a pas la prétention d'être impeccable; il n'est pas rivé à la vertu. Comme les autres fils d'Adam, il a le triste privilège de pouvoir mettre sa conduite en désaccord avec ses croyances. Mais il ne le fait qu'en étouffant le cri de sa conscience, et en foulant aux pieds les préceptes d'une religion qui ne cesse de lui rappeler ses devoirs, et le menace de terribles châtiments, s'il s'obstine à marcher dans cette voie. C'est-à-dire que seul, en réalité, le catholicisme possède un principe suffisant pour arrêter l'homme sur le penchant du crime, quand il n'est pas décidé, quoi qu'on fasse, à abuser de sa liberté, et pour le ramener à la vertu et au devoir, quand il a eu le malheur de s'en écarter.

Quant à l'objection tirée du petit nombre des catholiques en face de l'immense multitude des infidèles, nous répondrons tout d'abord que la valeur doctrinale d'une thèse religieuse ou autre, ne dépend pas du nombre de ses adhérents. Quand vous avez prouvé clairement, jusqu'à l'évidence, une assertion quelconque; quand elle est intrinsèquement certaine, lors même que vous seriez seul à connaître cette vérité, la vérité n'en subsiste pas moins. Quand vous traversez une grande foule, parmi ces hommes que vous avez sous les yeux, combien en est-il qui soient à même de démontrer le théorème du carré de l'hypoténuse ? Vous êtes le seul peut-être à posséder cette science; en est-elle moins certaine ?

Nous ne pressons pas la comparaison, bien entendu; nous ne parlons ici que de la vérité objective, indépendamment des devoirs qu'elle peut imposer. Nous savons que la science géo-métrique n'intéresse pas l'avenir éternel de l'homme comme la science religieuse; mais vos objections sont complexes, et nous devons les examiner, comme disent les théologiens, *per partes;* et il importe d'établir d'abord que ce n'est pas le nombre des croyants qui fait la vérité.

Nous qui croyons à la divinité du Christ et de son Église, qui admettons, non pas partiellement, mais totalement sa doctrine, nous savons qu'au jour où il quitta le monde, ses disciples, c'est-à-dire les seuls dépositaires de la vraie religion étaient en fort petit nombre, moins d'un millier d'hommes peut-être. Et pourtant l'Église était là; c'était le grain de sénevé destiné à devenir un grand arbre.

Nous ajoutons que lorsqu'une vérité est invinciblement démontrée par le genre de preuves qu'elle exige, on ne peut raisonnablement la mettre en doute, parce que quelques-unes de ses conséquences demeurent inexpliquées ou obscures.

Si la divinité du Christ, les merveilles de sa

vie, de sa mort, de sa résurrection sont une fois victorieusement établies, on pourra rencontrer des difficultés de détails sur la propagation de l'Évangile, sur la providence spéciale de Dieu à l'égard des païens et des infidèles, mais ces difficultés tout extrinsèques, fussent-elles insolubles, et elles ne le sont pas, ne peuvent mettre à néant les preuves fondamentales sur lesquelles repose le catholicisme.

Vous croyez à l'existence de Dieu; vous croyez qu'il gouverne le monde; cela est pour vous indiscutable, évident. Et voilà qu'à chaque instant, vous vous trouvez en face d'événements qui sembleraient prouver que tout marche au hasard, et que Dieu n'est pour rien dans les choses d'ici-bas. Vous entendez, chaque jour, faire ces objections contre ce gouvernement d'en haut qui est votre foi, à vous, et vous répondez : l'existence de Dieu est certaine, la Providence ne l'est pas moins; j'y crois malgré les mystères que ces vérités laissent planer sur les événements du monde. Vous avez suivi l'ordre logique des choses, et c'est le procédé à suivre, quand il s'agit du Christ. Est-il Dieu ? Toute la question est là. S'il est Dieu, vous ne pouvez rejeter un seul point de sa doctrine, sans la plus flagrante inconséquence, quand même bien des mystères resteraient pour vous inexpliqués. Or, le Christ est Dieu.

Un homme est venu qui s'est dit le fils de Dieu, Dieu lui-même, en tout semblable à celui qui l'envoyait. Il le dit si souvent et si clairement que c'est pour cela que les Juifs l'ont mis à mort. Personne avant lui ne s'était dit le seul Dieu. Quelques insensés, dans un moment d'orgueil, s'étaient proclamés *l'un des Dieux ;* jamais ils n'avaient songé à prendre pour eux toute la divinité. Jésus-Christ a cette prétention : son père et lui ne sont qu'un, c'est-à-dire le *seul vrai Dieu.* Comme tel il parle, il enseigne, il fait des miracles. Il rappelle les prophéties qui l'ont annoncé, et montre comment elles se vérifient en sa personne. Il sait bien qu'on le fera mourir, il le dit ouvertement, mais il annonce en même temps qu'il ressuscitera. Voilà encore ce qui ne s'était pas vu. On le crucifie, il meurt, et pour que sa mort ne pût faire un doute, sa poitrine et son cœur sont ouverts d'un coup de lance. Il est mis dans un tombeau de roc, et gardé à vue. Trois jours après il n'était plus là. Il est ressuscité. Il se montre, pendant quarante jours, à ses apôtres qui le connaissaient à merveille. Thomas met ses doigts dans la plaie de son côté. Plus de cinq cents personnes le voient, lui parlent, mangent avec lui. Il renouvelle les assertions dont nous avons parlé : il est Dieu, il est le Sauveur du monde, le juge de tous les hommes ; il est le médiateur, et on ne peut aller à Dieu que par lui. C'est pour sauver le genre humain qu'il a souffert et qu'il est mort. Il est ressuscité pour prouver sa divinité. Il se dit tout-puissant ; *toute puissance m'a été donnée au ciel et sur la terre.* Cette puissance il la donne aux Apôtres qui le remplaceront ici-bas jusqu'à la fin des siècles. Ils remettront les péchés en son nom. Il fonde une société qu'il appelle l'Église, *son Église*, parce qu'il n'y en a qu'une. Pour que tout le monde la puisse reconnaître il la bâtit sur *Pierre*, de telle sorte que la succession de Pierre est le signe certain

pour savoir où est l'Église. Cette société, char-
gée de continuer l'œuvre du Christ a changé
les destinées du genre humain.

Quand Dieu permet qu'un homme fasse ces
choses, qu'il soit tel que Jésus a été, saint,
thaumaturge, orné de toutes les vertus, sans
aucun défaut; quand cet homme se dit Dieu et
fait des miracles à l'appui; quand il se res-
suscite lui-même pour prouver sa divinité... de
deux choses l'une : il faut le croire et l'adorer,
ou dire hautement que Dieu a voulu tromper
le monde ; ce qui est un blasphème, ou plutôt
la négation même de Dieu.

Mais le Christ n'a pas fondé une religion
facultative ; il ne la propose pas, il l'impose,
comme le législateur impose la loi. *Celui qui
n'est pas pour moi est contre moi* (1). *Celui
qui ne recueille pas avec moi, ne fait que dis-
siper* (2). *Celui qui ne croira pas sera condamné* (3). S'il le dit, il faut le croire. Personne
n'est autorisé à prendre dans ses enseigne-

(1) Matth., 12,30.
(2) Ibid.
(3) Marc, 16,16.

ments ce qui lui plaît, en rejetant ce qui lui déplaît.

Le pauvre Maurice, quand vous lui exposez les principes du dix-neuvième siècle, et les conséquences qui en doivent résulter pour ses croyances religieuses, Maurice ne trouve rien à répondre. Il passe condamnation sur tout ce que vous lui objectez contre le catholicisme. Il s'en va, persuadé que c'est une religion comme une autre. Mais les dogmes et la morale de cette religion exigeant une plus grande soumission de l'esprit, et une plus grande pureté de vie, il est probable que le jeune homme, puisque le choix est permis, toujours en vertu des principes du dix-neuvième siècle, ne tardera guère à embrasser une croyance plus facile et une morale moins austère. Et encore rien ne l'obligera à s'arrêter à cette première étape ; car, que vous le vouliez ou non, cette faculté que vous laissez à chacun de choisir sa religion, faculté que vous décorez du nom pompeux de liberté de conscience, conduit fatalement à l'indifférentisme, et aboutit finalement à l'abandon de toute religion. On accepte un dogme, on s'impose une loi morale, quand on est persuadé qu'une puissance supérieure et infaillible vous en fait un devoir ; mais il faudrait ne pas connaître l'humanité, pour croire un instant, que l'homme subira une telle contrainte par le seul mouvement de sa volonté.

Vous paraissez tout fier d'avoir conquis votre fils aux principes du dix-neuvième siècle ; vous ne tarderez guère, selon toute apparence, à vous apercevoir que vous l'avez mis sur le chemin du scepticisme et de l'irréligion.

N'y avait-il rien à répondre cependant à ces objections que vous défiez tous les théologiens de résoudre ?

Votre fils plus éclairé, n'eût pas manqué tout d'abord d'insister près de vous sur les conséquences de la divinité du Christ, divinité que parfois vous semblez admettre, et que vous niez ensuite, en rejetant sa doctrine, mais qui n'en reste pas moins invinciblement démontrée pour les esprits attentifs et non prévenus, et sans laquelle rien ne s'explique dans le monde, depuis dix-huit siècles. Cette divinité admise, vous ne pouvez nier que le catholicisme ne soit la seule religion véritable, puisque tel est l'enseignement du Christ. Si, comme vous semblez le croire, à d'autres moments, Jésus est simplement l'envoyé de Dieu, vous n'êtes pas moins tenu d'admettre la doctrine qu'il prêche au nom de Dieu, et en particulier cet exclusivisme (1) qui vous scandalise si fort, et contre lequel vous vous armez avec tant de confiance des principes du dix-neuvième siècle.

Votre fils, plus instruit, ou moins intimidé, vous eût exposé ensuite l'enseignement catholique, au sujet des païens d'autrefois et des infidèles de nos jours. Il vous eût rappelé :

(1) Quand nous disons : exclusivisme, nous n'entendons pas que le Christ ait rejeté les vérités qui pouvaient avoir été conservées par les religions ou la philosophie antiques. Non, le Christ qui est la vérité, *ego sum veritas* (Joan., 14,6), consacre toutes les vérités. Mais nous voulons dire que ces systèmes étaient souillés de mille erreurs ; qu'ils étaient le fruit de l'imagination ou des passions humaines ; qu'au lieu de préserver la morale, ils avaient divinisé toutes les immoralités, et qu'enfin ce qu'ils pouvaient renfermer encore de vérité n'avait point l'appui d'une révélation divine, privilège que le christianisme seul peut revendiquer.

1° qu'une loi n'oblige pas, quand elle n'est pas promulguée, et qu'elle ne peut lier la conscience de ceux qui ne la connaissent pas. Les paroles de Jésus-Christ : *Celui qui ne croira pas sera condamné*, sont immédiatement précédées de celles-ci qui en indiquent le sens et la portée : *Allez dans l'univers entier, prêchez l'Évangile à toute créature* (1). Il s'agit donc de ceux qui ayant entendu la parole de Dieu, refuseraient d'y croire, et l'incrédulité qui encourt la condamnation est celle qui suppose la vérité connue. Saint Paul dit la même chose, quand il écrit aux Romains : *Comment peut-on invoquer celui auquel on ne croit pas? Comment croire à celui que personne ne vous a annoncé? La foi ne peut donc venir que par la prédication de l'Évangile :* fides ex auditu (2).

Dieu ne demandera compte à personne des talents qu'il ne lui a pas confiés, et les païens, les infidèles, comme les autres hommes seront jugés sur leur propre conscience.

2° Ceux qui dans le paganisme ou l'infidélité,

(1) Marc, 16, 15.
(2) Rom., 10,14 et seq.

auront suivi les lumières de leur raison, et vécu conformément à ce qu'ils croyaient la vérité, ne peuvent être condamnés. Les anges ont chanté sur le berceau du Christ ces paroles, auxquelles personne n'a le droit de mettre une restriction : *La paix aux hommes de bonne volonté* (Luc., 2,14); et c'est un axiome admis par toute la théologie catholique, *qu'à celui qui fait ce qui dépend de lui, Dieu ne refuse pas la grâce* (1).

Mais cela posé, faut-il en conclure que chacun est libre de choisir à son gré ce qu'il doit croire et ce qu'il doit faire? Parce que des hommes ont pu se sauver sans l'Évangile qu'ils ne connaissaient pas, en résulte-t-il que ceux qui le connaissent sont libres de l'admettre ou de le rejeter? Cette liberté de conscience pourrait aller loin ; car il n'est pas une lumière, pas un devoir que nous ne puissions repousser en vertu de ce principe. La loi évangélique est-elle divine ? Est-elle promulguée et connue ? Le Christ l'impose-t-il, comme c'est

____

(1) *Facienti quod est in se Deus non denegat gratiam.*

son droit? S'il en est ainsi, votre liberté se trouve limitée par cette volonté souveraine.

Quelle est la loi d'ailleurs qui ne restreigne pas la liberté individuelle? Et qui peut être autorisé à s'insurger contre la loi, sous prétexte qu'elle entrave sa liberté? La question est de savoir si la loi existe, et si elle émane du véritable législateur, et après cela il faut s'incliner. Si la volonté de Dieu est manifeste dans les prescriptions de l'Évangile, votre prétendue liberté de conscience ne peut avoir qu'un sens : c'est que vous êtes libre d'obéir à Dieu ou de ne pas lui obéir. Aux yeux des hommes, oui, vous avez cette liberté ; mais aux yeux de votre conscience, je vous défie de vous absoudre.

Que si vous demandez pourquoi Dieu a voulu donner l'Évangile au monde, et remplacer les religions anciennes par une religion parfaite, la religion définitive de l'humanité, je vous répondrai que Dieu l'a fait par amour : *Dieu a tellement aimé le monde qu'il lui a donné son fils* (1). Il a pensé que pour l'homme, la

____

(1) Joan., 3, 16.

vérité était préférable à l'erreur, la lumière aux ténèbres, la vertu au vice. Demande-t-on à un père pourquoi il fait instruire ses enfants ?

L'auteur dit quelque part, dans cet ouvrage même : « Il faut exproprier les hommes de l'ignorance, pour cause d'utilité publique. » (2, I, page 164.) C'est précisément l'œuvre du Christ. Il enseigne au monde toute vérité. Il nous apprend ce que nous devons croire, sur Dieu, sur l'homme, sur notre origine, sur nos destinées. Il a proclamé ce dogme fécond de la fraternité humaine qui a engendré le monde nouveau. Il a établi parmi les hommes la véritable liberté, et tracé les bornes qui doivent l'empêcher de dégénérer en licence. Il dit à chacun ses devoirs, aux riches, aux pauvres. Il sauvegarde la famille en proclamant l'unité et l'indissolubilité du mariage. Il a fait de la charité son précepte suprême et l'a sanctionné par sa mort. Enfin, il a donné l'Évangile. au monde, parce que le monde était devenu le jouet de toutes les erreurs et le théâtre de tous les crimes, sans qu'on vît nulle part le remède à ces maux.

Et si vous insistez en disant que si les païens et les infidèles, comme nous le prétendons, pouvaient à la rigueur se sauver, il n'y avait pas lieu d'imposer aux hommes de nouvelles croyances et de nouveaux devoirs, nous répondrons que l'Évangile est un insigne bienfait, puisqu'il procure aux hommes plus de lumière, plus de bonheur sur la terre, plus de facilité pour accomplir leur destinée, une félicité incomparablement plus grande dans l'autre vie. Parce que les sauvages dans leurs forêts, trouvent à la rigueur de quoi soutenir leur misérable existence, en faut-il conclure que ce n'est pas un bienfait pour ces malheureux d'être initiés aux lumières de la civilisation ?

Aussi l'Évangile est-il le code final de l'humanité. C'est le dernier mot de Dieu à l'homme, et nous n'avons à espérer une plus grande lumière que dans l'Éternité.

Enfin, — car nous voudrions ne laisser aucune de vos objections sans réponse, — pour expliquer comment Dieu permet que tant de millions d'hommes ignorent encore aujourd'hui la doctrine apportée au monde, il y a dix-huit siècles, et destinée à régénérer le genre humain, nous vous rappellerons une loi que vous ne pouvez ignorer, en votre qualité d'observateur et de philosophe, mais qu'une distraction ou une préoccupation vous aura fait oublier. Cette loi, Dieu y peut déroger quand il le juge à propos, et sans avoir à nous en prévenir, mais la loi est certaine, et cette loi, la voici :

Aux yeux de Dieu, l'humanité est une famille ; tous les hommes sont frères. Le Christ le proclame dans l'Évangile : *Vos autem fratres estis.* (Matt., 23, 8.) Quand il accorde un bienfait quelconque à une partie de la famille, ce bienfait, dans sa pensée, est destiné à la famille entière. Il n'a point donné la richesse à tout le monde, et pourtant il veut que chaque créature trouve son pain quotidien. Celui qui possède doit donner à celui qui n'a rien. Et cela, non pas seulement en vertu d'un conseil, mais par un précepte rigoureux. Ce qui a fait dire à saint Augustin ces énergiques paroles : Vous avez laissé mourir cet homme de faim, c'est vous qui l'avez tué : *non pavisti occidisti.*

Il est dans l'ordre de la Providence de faire distribuer ses dons aux hommes par les hommes eux-mêmes. Rien n'est plus conforme au dogme de la fraternité humaine. C'est le père qui doit se préoccuper de l'éducation de sa jeune famille; et si vous aviez laissé votre fils dans l'ignorance, ce n'est pas Dieu, mais vous qu'il faudrait accuser. Le riche doit donner au pauvre, le savant doit éclairer l'ignorant, le fort doit tendre la main au faible. En tout homme nous devons voir un membre de la famille. Et ce principe de la fraternité humaine est tel aux yeux de Dieu, que même dans l'ordre spirituel et religieux, il a voulu que nous eussions besoin les uns des autres, et que personne ne pût se désintéresser du sort de ses frères.

Le Christ a donné la vérité au monde. Il a prouvé par ses paroles, par ses miracles, par sa vie, par sa mort que sa doctrine venait du Ciel; il devait lui imprimer ce cachet qui la fit reconnaître de tous : mais fidèle aux lois de sa Providence, il a confié aux hommes le soin de la répandre dans le monde entier : *Allez*, dit-il aux Apôtres, *dans tout l'univers, et prêchez l'Évangile à toute créature.* (Marc, 16, 15.) Et en effet, les Apôtres parcourent le monde, annonçant la bonne nouvelle, prêchant la divinité du Christ et toutes les vérités qu'il avait enseignées, et moins de vingt ans après la résurrection, saint Paul ne craignait pas d'affirmer que l'Évangile avait été prêché jusqu'aux extrémités du monde : *in omnem terram exivit sonus eorum.* (Rom. 10, 18.) Des confins de l'Espagne où prêchait saint Jacques, jusqu'au fond des Indes où prêchait saint Thomas, les germes de la foi étaient déposés au sein de toutes les nations connues.

Mais ces germes, dans la pensée de Dieu, étaient destinés à se développer ; les peuples devaient et doivent toujours se communiquer les uns aux autres le bienfait reçu. *Le royaume de Dieu* (la vérité évangélique), dit Jésus-Christ, *est semblable au levain qu'une femme dépose dans la farine ; il est destiné à mettre toute la pâte en fermentation.* (Matth. 13, 33.) *Je suis venu apporter le feu sur la terre,* dit-il ailleurs, *et quelle est ma volonté, sinon qu'il embrase le monde!* (Luc 12, 49.) La vérité est faite pour éclairer tous les hommes. Et si les apôtres sont les juges et les gardiens de la doctrine, ils n'en sont pas les seuls propagateurs. L'Évangile a été porté à certaines contrées par des marchands, par des esclaves, par des soldats; et la foi se développe et se conserve au sein des familles par le soin des parents plus encore que par le soin des apôtres.

Si donc votre voisin meurt de faim, n'accusez pas le Ciel; si des hommes croupissent dans l'ignorance, n'en rejetez pas la faute sur Dieu; si un enfant n'est pas baptisé, ne l'imputez pas au Christ; s'il y a des infidèles, ne dites pas ces paroles qui frisent le blasphème : « Lui seul (le Christ) a su décréter et peut faire que plus des trois quarts de la terre ignorent même son nom, dix-huit cents ans après son apparition parmi nous. » (Page 120.)

Jésus a enseigné la vérité aux hommes. Les uns l'ont rejetée, parce qu'elle contrariait leurs passions; d'autres, tout en l'acceptant, ne l'ont pas propagée avec assez de zèle et de charité. Les apôtres n'ont pas été soutenus et encouragés. Et pourtant, à toutes les époques, depuis le Calvaire, vous les trouvez sur tous les points du globe, s'efforçant d'éclairer et de civiliser les hommes. Aujourd'hui vous nommeriez difficilement un coin reculé de l'univers où un missionnaire n'ait pas planté la croix.

Et quand nous disons que les apôtres n'ont pas été soutenus, nous disons trop peu. La vérité, c'est que les passions humaines, les gouvernements tyranniques, les prétendus savants ont constamment entravé la propagation de la foi; ils ont tout fait pour l'anéantir. Partout où le christianisme a voulu faire un pas, ce qu'il y a de moins avouable dans la nature humaine s'est mis en travers pour l'empêcher d'avancer. Ignorez-vous l'histoire des persécutions? Ignorez-vous quelles luttes ont eues à soutenir, dans tous les siècles, sans excepter le nôtre, tous ceux qui ont voulu établir le règne de la vérité sur la terre!

Est-ce qu'au moment même où j'écris ces lignes, vous oseriez dire que vous ne connaissez, au milieu de nous, aucune opposition ardente ou hypocrite au triomphe de l'Évangile ? Votre livre, avec ses doctrines d'une modération plus dangereuse peut-être que les plus violentes attaques, n'apporte-t-il pas sa note volontaire dans ce concert de réprobation que rencontre partout la doctrine du Christ ?

Quand on approfondit l'histoire de ces oppositions, que la liberté humaine, les passions, l'égoïsme, la fausse science, les tyrans de tous les âges ont faites ou font encore à l'enseignement de l'Évangile, on s'étonne à bon droit, non pas qu'il y ait si peu de chrétiens, mais plutôt qu'il y ait encore un chrétien sur la terre ; et les apologistes sont autorisés à regarder la conservation du christianisme, dans de telles conditions, comme une des preuves les plus éclatantes de sa divinité.

CHAPITRE IV

LA LECTURE A HAUTE VOIX. — LES HÉRÉDITÉS — LES DOMESTIQUES. — LE DUEL. — L'A-MOUR.

Nous avons peu de chose à dire sur le chapitre intitulé : *La lecture à haute voix.* Il y a là d'ingénieux aperçus sur la science de la lecture, car c'est une science ; et l'auteur est d'autant plus autorisé à exposer ses vues à cet égard, qu'il est lui-même, nous assure-t-on, un merveilleux lecteur. Peut-être cependant a-t-il insisté outre mesure, sur l'importance d'un talent plus agréable qu'essentiel ; mais nous aurions mauvaise grâce à faire des objections contre une thèse vraie, au fond, et défendue avec autant de charme que de talent.

Le chapitre sur les domestiques renferme aussi des considérations d'une grande justesse. Le *cinquième étage*, où l'on entasse tous les domestiques d'une même maison, hommes et femmes, avec un danger si évident pour leur vertu, excite à bon droit la réprobation de l'auteur. Il donne aussi d'excellents conseils aux maîtres sur la manière dont ils doivent traiter les domestiques. Tout cela est fort sage, et on ne peut plus humain.

Mais l'auteur nous permettra une réflexion : en dépit, ou plutôt à cause des principes modernes, dont il est le champion éloquent et convaincu, il est contraint d'avouer que les rapports entre maîtres et domestiques sont devenus beaucoup plus difficiles qu'autrefois. De son propre aveu, et d'ailleurs au témoignage universel des familles, les maîtres de nos jours sont moins bien servis, et les domestiques sont moins heureux. « Jadis on était bon, humain, généreux, affectueux envers les domestiques. » (Page 182.) Aujourd'hui, il faut se contenter d'être poli à leur égard.

L'auteur s'efforce d'expliquer, il est vrai, comment cette qualité toute démocratique(?), la politesse, peut remplacer |sans désavantage les relations du temps passé entre les maîtres et les serviteurs. Mais malgré l'incontestable habileté avec laquelle il soutient son assertion, il aura peine, croyons-nous, à la faire accepter de ceux qui se trouvent directement intéressés dans la question. Et cela est si vrai, que partout où l'on rencontre une famille où se reproduisent ces mœurs et ces relations d'un autre âge, elle est pour tout le monde, maîtres ou serviteurs, un objet d'admiration et d'envie.

Quant à nous, nous pensons que, dans l'ancienne comme dans la nouvelle société, l'esprit chrétien fut et demeurera toujours la meilleure ou plutôt l'unique solution de ce grave problème.

L'inégalité des conditions, que le christianisme n'a pas fait totalement disparaître, parce qu'elle est inhérente à la nature humaine, mais dont seul il a pu corriger les abus et les excès, sera toujours, quoi qu'on fasse, en dehors des maximes de l'Évangile, sans explication et sans issue. Sans l'Évangile, l'humanité ne peut qu'osciller entre ces deux abîmes : la barbarie avec ses dégradations, ou une civilisation déshonorée par l'esclavage et ses horreurs.

Saint Paul avait dit le dernier mot de la question, quand il écrivait aux Romains : *Comme dans un corps il y a plusieurs membres, et que les divers membres n'ont pas la même fonction, de même nous sommes un seul corps dans le Christ, et nous sommes les membres les uns des autres.* » (Rom. 12,-4,5.) Inutile de développer les conséquences d'une telle doctrine ; elles sautent à tous les yeux. Le jour où les maîtres et les serviteurs cesseraient de se regarder et de se traiter réciproquement comme des étrangers, cette partie de la question sociale aurait fait un grand pas.

Dans le chapitre des *hérédités* nous avons lu avec grand intérêt les pages ardentes et indignées, dans lesquelles l'auteur stigmatise le vice de la débauche, cette source d'infirmités et de maladies honteuses pour des générations entières. L'exemple qu'il cite, les détails qu'il donne, sont faits pour inspirer de la débauche un légitime et salutaire dégoût.

Nous aurions aimé toutefois que cet enseignement fût plus complet, et ne se bornât pas à montrer aux jeunes gens les désastreuses conséquences de cette passion. Le vice n'est pas seulement honteux et funeste par les désordres et les malheurs qu'il engendre. C'est là un côté de la question, ce n'est pas la question tout entière.

Quand la débauche, ce qui arrive assez souvent, ne va pas jusqu'à ces derniers excès, elle n'en reste pas moins un vice. Une faute sans doute revêt un caractère de culpabilité exceptionnel, quand il en doit résulter des maux exceptionnels, mais oserez-vous justifier une faute, si vous parvenez à arrêter ou à prévenir une partie de ses ravages ? C'est du mal même, et non pas seulement de ses suites, qu'il faudrait inspirer l'horreur. Sans cela la passion ne désarmera jamais. Ou bien elle espèrera échapper aux excès dont vous faites la désolante peinture ; ou bien cette perspective même sera pour elle une barrière insuffisante, si vous ne commencez par établir que ses actes, indépendamment de leurs conséquences, sont scandaleux et criminels. Ici encore l'Évangile viendrait à votre secours, et comblerait les lacunes de votre philosophie impuissante à combattre le mal dans sa source et son essence.

Dans le chapitre suivant, le piano et le fleuret son tour à tour défendus, prônés, exaltés jusqu'au lyrisme par l'auteur et par sa femme. La femme naturellement tient pour le piano, et elle prétend qu'il n'est pas moins utile aux jeunes gens qu'aux jeunes filles. Le mari, après maintes objections, après de vives et intéressantes répliques, finit, en galant homme, par s'avouer vaincu, et veut bien reconnaître au piano tout les mérites imaginables. Mais c'est à titre de revanche, et à la condition qu'on ne déniera pas au fleuret la place qu'il doit occuper dans la vie d'un homme bien élevé.

Une femme, une mère surtout, est difficile à persuader sur ce point. A travers l'escrime elle entrevoit le duel avec ses dangers, ses surprises et ses catastrophes. La mère résiste donc, mais sa résistance même ne fait qu'ajouter un nouveau lustre à la victoire de son mari ; car pressée par les arguments de celui-ci, elle finit par se déclarer convaincue et lui concède le fleuret comme il lui a concédé le piano.

Soyons juste cependant ; l'auteur n'a point entrepris ici l'apologie du duel. Il se contente de faire l'éloge de l'escrime, et personne ne peut avoir la pensée de l'en blâmer, cet exercice étant en soi fort innocent, et pouvant être très utile. Mais un mot jeté comme au hasard, à propos d'un jeune homme blessé dans un duel, indique clairement son opinion sur ce point. « S'il a été blessé, dit-il, ce n'est pas parce qu'il avait trop fait d'armes, mais parce qu'il n'en avait pas fait assez. » (Page 234.)

Nous pensons, nous, que s'il a été blessé, c'est parce qu'il a été sur le terrain, qu'il a été provoqué ou provocateur, qu'il s'est exposé à tuer son semblable ou à recevoir le coup de la mort, dans des conditions que la conscience et les lois s'entendent pour réprouver.

La société seule a le droit d'exposer la vie de ses membres, pour les grands intérêts du pays, pour défendre la frontière, pour venger l'honneur national, et pour d'autres grandes et saintes causes.

Le duel est, au fond, un préjugé barbare, et n'irait à rien moins qu'à justifier cet axiome inique, que la raison du plus fort est toujours la meilleure. Les blessures, le sang, la mort ne prouvent absolument rien pour ou contre l'honnêteté de votre cause. Vous pouvez avoir cent fois raison et recevoir un coup mortel ; vous pouvez avoir cent fois tort et tuer votre adversaire. Après le duel, qu'il y ait mort ou blessures, la justice n'a pas fait un pas ; elle n'est, en réalité, ni éclairée ni satisfaite ; il n'y a qu'une chose de plus : un crime à l'actif des combattants et de leur complices.

Le duel qui est chez nous, et depuis fort longtemps, il faut bien l'avouer, à l'état endémique, a pris, ce semble, une nouvelle recrudescence, en ces dernières années. Des catholiques mêmes ont cédé au préjugé universel, et fermant l'oreille au cri de leur conscience, n'ont pas craint d'encourir les anathèmes de l'Église, dont les décisions, à cet égard, sont d'accord avec le droit naturel et la législation des peuples civilisés.

On a voulu, il est vrai, justifier le duel en prétendant, comme le fait l'auteur un peu plus haut, qu'avec une grande habileté et une grande habitude, on évite tout danger pour soi et pour son adversaire.

A cela nous répondrons que tout le monde ne peut pas être maître en escrime ; que le plus adroit finit par rencontrer un plus fort que soi ; que le sentiment auquel on obéit en allant sur le terrain, n'étant rien moins qu'un sentiment de bienveillance, dans l'acharnement de la lutte, la passion l'emporte ordinairement sur la compassion ; qu'enfin la vie d'un homme peut se trouver à votre merci ; qu'il dépend de vous de la lui ôter ou de la lui laisser ; qu'en l'épargnant, vous lui faites une concession, et que vous pourriez le tuer, au même titre que vous lui faites grâce. Nous disons donc qu'il y a là un désordre que rien ne peut justifier.

« Je ne sais pas de plus beau jour, pour un

galant homme, dites-vous, que celui, où trouvant devant lui un adversaire qui l'a offensé et qu'il pourrait tuer, il le punit en lui laissant la vie, et en le désarmant. » (Page 236.)

Ce peut être un beau jour, en effet, que celui où l'on fait grâce à un adversaire ; nous n'en disconvenons pas. Mais ce jour n'en reste pas moins un jour souillé, si tout en faisant grâce, vous vous êtes arrogé indûment le droit de disposer de la vie de votre semblable, et avez donné à celui-ci le droit de disposer de la vôtre.

D'autres veulent excuser le duel en disant que le danger qu'on y court est à peu près chimérique, puisque, à part de très rares exceptions, quelques égratignures sans importance sont le résultat ordinaire de ces sortes de rencontres.

Nous répondrons que ces tragiques dénoûments, si rares qu'on les suppose, prouvent cependant qu'il y a danger pour la vie, ce qui suffit à la condamnation du duel. Nous ajouterons qu'il n'est pas seulement défendu de tuer, mais encore de blesser son prochain. En outre, ces jeux sanglants, étant inspirés par un sentiment de colère ou de vengeance, ne peuvent échapper à la réprobation que méritent ces sentiments eux-mêmes.

Si vous parveniez, en réalité, à faire disparaître ces deux éléments : le danger et le ressentiment, vous auriez, du même coup, supprimé le duel, et il ne resterait plus qu'un divertissement comme un autre, aussi innocent qu'une partie de criquet ou de billard.

Le chapitre de l'*amour* est bien plus un drame qu'une page de philosophie ou de morale. Ces choses graves sont traitées ici trop légèrement. On n'y trouve ni assez de fermeté dans les principes, ni une répulsion assez marquée pour ce qui est dangereux ou coupable.

Ce père, suivant en artiste, avec une sorte de curiosité juvénile, les premiers symptômes de la passion dans le cœur de son fils ; « mourant d'envie », comme il le dit, de voir et de connaître la femme qui a provoqué ce sentiment ; cette tolérance calculée, quoique provisoire, nous le voulons bien, d'une passion qu'il eût été plus prudent et plus facile d'arrêter à son point de départ, au lieu de la laisser grandir jusqu'au paroxysme ; cette satisfaction avouée, cette espèce de fierté qui s'empare du père, quand il voit que la jeune femme (car c'est une femme mariée) est charmante, et noble et riche ; puis ce parti-pris de laisser les choses s'engager plus avant, de jouer en quelque sorte avec le feu, sous prétexte d'en étudier les phases, avec le dessein de tout arrêter, quand on croira le moment venu ; tout cela, disons-nous, serait bien plus de mise au théâtre que dans un livre d'éducation, et bon nombre de ces détails ne conviennent, ni à la dignité paternelle, ni au respect dû à l'âme des enfants.

Mais, il faut le dire, le dénoûment est heureux. Le père se retrouve au moment décisif. Il a pu suivre pas à pas les marches et contre-marches de Maurice ; il a étudié tous les mouvements de ce cœur passionné, mais novice encore. Un hasard comme il y en a dans tous les drames, lui fait tomber une lettre entre les mains. Il va trouver son fils ; il lui parle avec une fermeté, une logique, un bon sens irrésistibles. Il ne s'en tient pas là ; il s'oppose énergiquement à ses desseins, au point d'empêcher un rendez-vous dont il redoutait les suites fatales. Il lui fait de l'adultère, de ses dangers, de ses conséquences possibles au point de vue de la justice, des remords qu'il ne peut manquer d'engendrer dans un cœur loyal, une peinture aussi vraie que saisissante ; et enfin, à force de patience et de douceur, il rétablit le calme dans cette âme troublée, et bientôt le jeune homme mis en face du devoir et du plaisir, n'hésite pas à sacrifier le plaisir au devoir.

Est-ce le cas de dire cependant : tout est bien qui finit bien ? Nous ne le pensons pas ; car l'enseignement moral de ce chapitre, malgré le dénoûment heureux que l'on vient de voir, nous paraît absolument insuffisant et défectueux.

Outre que l'auteur, comme nous l'avons dit, a trop joué avec le feu, pour qu'on puisse décemment faire l'éloge de son procédé, nous le trouvons d'une excessive indulgence pour la passion, quand celle-ci n'a pas l'adultère pour objet. L'adultère est un grand crime, et vous le dites éloquemment ; mais n'y a-t-il de condamnable que l'adultère ? Vos réticences, vos prétermissions, vos aveux à peine déguisés indiquent assez votre pensée à cet égard. « Je ne veux pas faire de mon fils un cénobite ; je ne prétends pas davantage prévoir les mille circonstances diverses où se développeront ses passions, ni fixer d'avance des règles précises sur tant de ces cas particuliers ; je me borne à une seule, mais qui me trouvera inflexible : intervenir toutes les fois que je trouverai sa délicatesse, sa probité ou son honneur compromis par la passion ; en un mot, *défendre et sauver en lui l'honnête homme.* » (Page 250.)

Ces paroles se passent de commentaires : ni cénobite ni débauché, c'est-à-dire ni la vertu ni l'excès du vice ; voilà bien votre idéal.

Nous n'avons pas à revenir sur ce que nous avons dit au chapitre des *hérédités.* Nous nous contenterons de rappeler ici qu'il n'est pas facile, quand une fois on a mis le pied sur ce terrain glissant de la volupté ; quand une fois on a franchi les barrières fixées par la morale chrétienne, de s'arrêter à mi-chemin, et de ne pas aller jusqu'au bout, c'est-à-dire à tous les excès. Est-ce que la passion raisonne? Est-ce qu'elle marque au compas le point juste où elle s'arrêtera?

Votre tolérance ouvre donc presque fatalement la porte aux désordres que vous condamnez. Vous permettez à un jeune homme une liaison illégitime; cette première faute que vous excusez, est peut-être aussi le premier pas dans la voie de la débauche, et rien ne vous autorise à croire qu'il reculera devant un adultère, le jour où ses passions y trouveront leur compte.

CHAPITRE V

LA SÉPARATION ET LE DIVORCE. — L'ÉDUCATION D'UN PÈRE. — LES FILLES A LA MAISON.

Le sort des époux séparés par la loi est affreux; le sort de leurs enfants est plus lamentable encore. Un long et intéressant chapitre, rempli d'observations profondes, de scènes dramatiques et douloureuses, de situations navrantes et parfois atroces, de détails de mœurs à faire pâlir la mythologie antique, nous trace le tableau de ces familles, ou plutôt de ces débris de familles dont les chefs ont été séparés par la loi.

Nous n'osons dire que tout soit vrai, mais rien ne nous paraît absolument invraisemblable dans ces pages désolantes.

Admettons que les choses soient ainsi. Qu'en faut-il conclure? C'est que la séparation de corps, telle qu'elle est pratiquée parmi nous, est une plaie saignante, une immoralité, et que la société doit s'efforcer d'y porter remède.

L'auteur le pense comme nous; mais voici l'étrange solution qu'il propose : au lieu de dire, comme la logique et le bon sens l'indiquent : ce mal est profond, désastreux, diminuons-en les causes, supprimons-les, si cela est possible; que la séparation n'ait lieu que dans les cas extrêmes, et quand il est impossible de l'éviter, quand il y a danger pour la vie d'un membre de la famille, par exemple ; qu'elle soit provisoire et non définitive; qu'elle cesse, quand le danger disparaît... au lieu de parler ainsi, il trouve plus simple, plus facile et surtout plus radical de supprimer le mariage lui-même; car le divorce, qu'est-ce autre chose que l'abolition du mariage?

Que ce procédé soit plus expéditif, nous

n'en disconvenons pas; mais il a l'inconvénient d'aggraver le mal, au lieu d'y remédier.
Vous avez décrété la séparation pour obvier
aux démêlés de famille, et maintenant pour
éviter les dangers de la séparation, vous dé-
crétez le concubinage.

Le mariage, pour les catholiques, est un sa-
crement; l'unité et l'indissolubilité tiennent à
son essence même. Les vrais philosophes, les
moralistes sérieux sont en cela pleinement
d'accord avec l'Évangile.

Le caractère de toute loi est d'avoir en vue
le bien général, quoiqu'il en puisse résulter,
en certains cas, des inconvénients ou des souffrances pour des particuliers; non pas toujours
du fait de la loi, mais du fait des passions qui
répugnent à toute contrainte, et se heurtent
violemment contre toute barrière.

Proposer d'abolir une loi, sous prétexte
qu'elle ne remédie pas à tous les maux, ou
que tout le monde ne s'y trouve pas à l'aise,
c'est un raisonnement qui ne supporte pas la
discussion. Les lois d'impôts sont nécessaires;
si modérées que vous les supposiez, elles sont

un fardeau pour plusieurs ; les lois discipli-
naires sont indispensables dans l'armée, sont-
elles pour cela du goût de tout le monde ?
Demandez-le au soldat qu'on va fusiller pour
indiscipline.

L'unité et l'indissolubilité du mariage sont
un grand bien pour la société. Les inconvénients que vous pourrez signaler ne parviendront pas à détruire le fait, et n'infirmeront pas
l'utilité de la loi.

La stabilité constitue la société domestique ;
elle est la base de la famille. Elle groupe les
intérêts, elle unit les âmes, fortifie les affections, met en commun les joies, les peines, les
travaux, les succès et les revers. Il y a là entre
les parents et les enfants, entre les frères et
les sœurs, des liens d'une douceur, et d'une
force indicibles, dont rien ne peut donner
l'idée en dehors de la famille. Si une telle vie
exige des sacrifices, elle a, en retour, d'ineffa-
bles consolations. Les souffrances qui peuvent
résulter de la différence des goûts, des caractères, quand elles sont supportées dignement,
ennoblissent la vie et sont proprement la vertu.

Le premier coup de marteau qui ait ébranlé ce merveilleux édifice de la famille, ce sanctuaire ouvrage de la main de Dieu, c'est la séparation de corps.

On connaît les effets lamentables de cette loi. Elle place les époux dans une situation dangereuse, violente; les enfants, tiraillés entre le père et la mère, ont leur part dans toutes ces souffrances, devinent les tristes démêlés, les querelles parfois scandaleuses entre leurs parents, quand ils n'en sont pas les témoins, et se trouvent ainsi dans des conditions telles, qu'une bonne éducation devient à peu près impossible pour eux.

Or, parce qu'on a commis cette première faute; parce qu'on a ébranlé les bases de la famille, en tenant toujours ouverte cette porte de la séparation, par laquelle l'inconstance, l'égoïsme, les passions peuvent se soustraire si facilement aux ennuis et aux sacrifices de la vie commune; parce qu'on a déchaîné tous ces maux, vous en cherchez le remède dans un mal plus grand encore; au lieu de remonter vous voulez continuer à descendre; vous voulez remplacer les hontes de la séparation par l'immoralité du divorce.

Le divorce, en effet, a tous les inconvénients de la séparation, avec cette particularité singulièrement aggravante, qu'il légitime aux yeux du public une situation inavouable, une union qui brise radicalement l'unité de la famille. Il offre constamment, en raison même de cette légitimation possible, un puissant attrait à la passion ; il favorise l'instabilité des affections les plus saintes, et rétablirait finalement, car il faut être logique et affronter toutes les conséquences de vos principes, cette polygamie, pour laquelle jusqu'ici toutes les nations civilisées ont manifesté une insurmontable répugnance.

Quelle situation tiendrait, quelle carrière serait possible, quelle entreprise aboutirait, si on jette le manche après la cognée, à cause des difficultés qu'on rencontre, des sacrifices qui s'imposent, des souffrances auxquelles il faut se résigner, dans tout ce qui revêt ici-bas le caractère du devoir, du progrès, de la vertu ? Quel soldat ne briserait pas son épée au premier revers ? Quel artiste supporterait les lenteurs de la renommée et du succès ! Quel savant irait jusqu'au bout d'une découverte, si la stabilité, la constance n'étaient pas la condition de toutes les grandes œuvres?

Et dans la chose la plus sainte, la plus sacrée, dans la famille, vous voulez que tout soit menacé de dissolution et de ruine, parce que des difficultés ont surgi, parce qu'un orage s'est élevé, parce que le devoir est devenu moins attrayant ou plus lourd ! Au lieu d'encourager les ouvriers de cette œuvre sociale entre toutes, vous offrez une prime à l'inconstance ! Vous blâmeriez le magistrat, le professeur, le général qui manqueraient de caractère dans une entreprise difficile, et vous invitez des époux à cette honte suprême d'abjurer le devoir, en présence du lit nuptial et du berceau de leurs enfants !

La constitution de la famille, telle que l'a faite le christianisme, est de droit divin ; mais tout ce qui se passe dans la famille n'est pas parfait, parce qu'elle se compose d'éléments imparfaits. On y rencontre parfois des désordres, auxquels il est souverainement juste de chercher des remèdes. Mais on ne guérit pas en détruisant, et le divorce ruine la constitution même de la famille.

Le vrai remède aux maux que vous déplorez, c'est l'esprit chrétien, ce sont les maximes de l'Évangile. Bien pratiquées, ces maximes donneraient au foyer domestique la somme de félicité, d'honneur et de paix, dont peut être susceptible une société humaine.

Elles enseignent, avant tout, à ne pas faire du mariage une œuvre de hasard, un calcul d'amour-propre ou une spéculation financière ; à ne pas livrer ses enfants à des hommes auxquels on hésiterait à confier les plus vulgaires intérêts. Elles demandent qu'on traite sérieusement une des choses les plus sérieuses de la vie. Dans la famille même, tout en assignant sa place à chacun, et en respectant la hiérarchie, elles veulent que tout soit commun, les charges, les devoirs, ainsi que les joies et les avantages. Elles enseignent le support mutuel, l'abnégation, l'amour vrai, qui exclut l'égoïsme et suppose le dévouement.

S'il y a des souffrances, des injustices, des

crimes, dans l'intérieur de la famille, cela ne tient pas à sa constitution, mais aux faiblesses et aux passions humaines, et les inconvénients qui peuvent résulter accidentellement de sa stabilité, ne sauraient être mis en parallèle avec les avantages sans nombre qu'en retire la société tout entière.

D'ailleurs, les crimes doivent être poursuivis là comme partout, et la justice a le droit et le devoir de pénétrer dans ce sanctuaire, quand il s'agit de protéger l'innocent ou de punir le coupable. Mais son rôle rempli, elle ne peut détruire la maison où elle vient de rétablir la paix ou la sécurité.

Les partisans du divorce déshonorent l'idée même de la famille, dont ils feraient une association transitoire comme celle des animaux. Ils mettent en opposition et parfois en hostilité les divers éléments qui la composent, au lieu d'y voir, comme la vérité le demande, une seule personne morale, dont les membres ne peuvent avoir des intérêts rivaux, quoique chacun ait ses droits et ses devoirs, comme cela se voit dans les membres du corps humain.

L'honneur d'un membre est l'honneur de tous; mais le crime de l'un d'eux rejaillit, dans une certaine mesure, sur la famille tout entière, ce qui est l'éternelle et inéluctable loi des solidarités.

Chez tous les peuples sans exception, à côté de l'honneur personnel, on a reconnu et exalté *l'honneur* des familles et *l'honneur* des nations.

Donc, pour nous résumer : la sécurité de la famille, l'intérêt de ses membres, l'avenir des enfants, le bien général de la société demandent l'indissolubilité du mariage.

Mais c'est l'intérêt des faibles surtout qui réclame cette stabilité ; car, malgré quelques apparences contraires, neuf fois sur dix, ce sont la femme et les enfants qui finissent par être les victimes du divorce, partout où cette honteuse innovation parvient à s'établir.

Nous pourrions ajouter qu'ordinairement, les plus grandes vertus, la patience, le dévouement, la fidélité, la générosité soutiennent la thèse chrétienne ; tandis que la plupart des vices, l'inconstance, la légèreté, la volupté, l'égoïsme sont les champions habituels du divorce.

Le christianisme proclame la stabilité du mariage comme un dogme ; toute nation qui a souci de son honneur et de sa moralité la proclamera comme une loi nécessaire et indestructible.

Les chapitres suivants demandent moins un examen, qu'une simple mention. Celui qui traite des *chevaux de renfort*, expose quelques idées générales d'une incontestable justesse, par exemple, l'utilité d'avoir des amis, des maîtres, des modèles ; de se compléter soi-même intellectuellement et moralement, au contact des hommes plus instruits et plus expérimentés.

Quant à l'application des principes, l'auteur n'est rien moins que scrupuleux sur le choix des sujets. Les trois *chevaux de renfort* qui l'ont aidé, lui, à gravir le sentier de la vie, à traîner le *char de son âme* trop lourd pour sa volonté, sont trois hommes d'un type absolument différent, mais remarquables tous les trois, par leur puissante individualité, trois caractères, en un mot. Leurs idées, il est vrai, sont fausses pour la plupart, leurs doctrines insoutenables, et l'auteur lui-même, dans le cours de cet ouvrage, a victorieusement combattu les erreurs de l'un d'eux, qui se dit athée ; mais la justesse des idées, la valeur des doctrines semblent ici à l'écrivain une chose absolument accessoire ; la physionomie de ses *trois chevaux de renfort* est originale, les types sont fortement accentués, le reste entre à peine en ligne de compte.

Certes nous croyons avec l'auteur, que les caractères vigoureusement trempés peuvent exercer une influence salutaire sur les jeunes gens ; ils peuvent, au moins, développer en eux l'énergie de la volonté. Mais encore faudrait-il savoir quelles sont le doctrines de ces hommes, ce qu'ils enseignent, ce qu'ils croient. Vouloir le mal énergiquement, propager l'erreur avec opiniâtreté, nous paraît un vice bien plus qu'une qualité. Catilina était un caractère ; oseriez-vous le proposer comme un modèle à votre fils ?

Or, de la lecture de ce chapitre, il ressort que ces trois hommes, dont deux au moins, malgré quelques tendances humanitaires fort honorables, nous semblent de purs maniaques au point de vue des croyances, sont considérés par l'auteur comme d'excellents maîtres, des amis, presque des bienfaiteurs, à tel point qu'il a mis leurs portraits à côté des portraits de sa femme et de ses enfants, dans le sanctuaire de sa chambre à coucher.

Nous n'avons pas à reproduire ici ce que nous avons dit plusieurs fois, dans le cours de ce travail; contentons-nous de rappeler que ce qui manque le plus à l'éducation contemporaine, c'est la justesse des idées, la fermeté des principes, la solidité des croyances. Proposer aux jeunes gens comme types et comme modèles, des hommes dont les facultés, si brillantes que vous les supposiez, manquent de rectitude et d'équilibre, dont les idées sont un défi au bon sens et à la saine philosophie, c'est lancer en pleine mer sur un vaisseau sans lest ni boussole, des nautonniers jeunes, ardents, héroïques peut-être, mais totalement dépourvus d'expérience, et les exposer à un naufrage certain.

L'éducation d'un père par sa fille est un drame attrayant et plein de charme. Quelques traits nous semblent un peu forcés, légèrement invraisemblables ; mais ce vieux soldat, dompt - tant la fougue de son caractère pour ne pas scandaliser son enfant, écoutant celle-ci avec une déférence mêlée de respect, rendant à sa femme, sous l'empire du même sentiment, une justice et une estime qu'il lui avait trop longtemps refusées ; toute cette scène d'inté- rieur, ce tableau, où la rudesse s'apaise, s'attendrit, se transforme, sous la double influence des vertus de l'épouse, et de l'aimable intervention d'une enfant ; tout cela est tou- chant et gracieux au possible.

L'opinion de l'auteur sur la *présence des filles à la maison,* nous paraît aussi parfaitement fondée.

Rien ne remplace l'influence d'une mère ; rien ne donne l'expérience de la vie, de ses néces- sités, de ses joies légitimes, de ses épreuves, comme ce contact quotidien de la jeune fille avec les devoirs, les charges, les mille préoccupations d'un intérieur, ce gouvernement aussi minutieux qu'important, ces soins sans nombre, cette vigilance sans trêve, qui forment proprement l'apanage de la femme, comme ils constituent son honneur et sa véritable royauté.

Mais cette éducation en famille exige des conditions et demande des précautions nombreuses. Avant tout, les parents doivent donner l'exemple d'une vie sincèrement religieuse, parce que la religion est la base de toute éducation, et que l'exemple des parents exerce en cela, comme en toutes choses, une influence souveraine. Les habitudes de la famille doivent être, de tout point, sérieuses; la légèreté, le luxe, la mondanité des parents auraient bien vite envahi l'âme de la jeune fille, et imprimé à sa vie tout entière une décisive et funeste direction.

Les auxiliaires que s'adjoignent les parents pour l'instruction de leurs filles doivent être choisis avec un soin scrupuleux. Les leçons des maîtresses doivent être surveillées ; celles des maîtres, si jamais on croit utile d'en introduire dans la maison, doivent l'être bien davantage, on comprend pourquoi.

Les cours publics demandent un choix plus attentif et des précautions plus grandes encore.

Lorsque les parents, pour une raison ou pour une autre, ne peuvent, dans la famille, entourer les jeunes filles de ces soins, leur donner ces exemples et ces secours, qu'ils n'hésitent pas ; le pensionnat devient alors une nécessité.

Mais qu'ils choisissent celui où les jeunes filles pourront trouver les leçons, les habitudes, le dévouement, les qualités que nous réclamions tout à l'heure pour l'éducation de famille, c'est-à-dire la piété, l'amour du travail, la simplicité des goûts. Et, quoi qu'on dise l'auteur, nous pensons qu'en général, c'est le couvent qui justifie le mieux la confiance, et réalise le mieux les espérances des parents, dans cette importante question de l'éducation des filles.

Notre travail est terminé ; non que nous ayons tout dit, mais parce que nous avons touché aux points les plus importants de l'ouvrage dont nous avons entrepris l'examen.

On nous reprochera peut-être de la sévérité ; on nous accusera peut-être même d'injustice, parce que nous nous sommes appesanti sur les défauts et les erreurs de l'ouvrage, sans paraître tenir autant de compte des qualités.

Nous répondrons à cela, que les qualités d'un livre se recommandent par elles-mêmes ; nous n'avons pas hésité d'ailleurs à signaler les points qui nous semblent dignes d'éloge ; mais nous pensons que le premier devoir d'un critique est de prémunir les lecteurs inexpérimentés contre le danger des doctrines erronées, surtout quand elles sont présentées avec le talent, la grâce, le charme de style et de narration qui distinguent l'auteur. Le poison, pour être contenu dans une coupe d'or, n'en est pas moins du poison.

Après tout, si nos critiques ont été sévères, c'est que nous regardons cet ouvrage, malgré ses incontestables qualités littéraires, comme mauvais et dangereux au point de vue des principes. A nos yeux, c'est un mérite fort secondaire que de savoir disposer habilement des pierres fausses dans un brillant écrin.

TABLE DES MATIÈRES

CHAPITRE II

CHAPITRE III

CHAPITRE IV

CHAPITRE V

FIN DE LA TABLE

E. Aureau. — Imprimerie de Lagny.

www.ingramcontent.com/pod-product-compliance
Ingram Content Group UK Ltd.
Pitfield, Milton Keynes, MK11 3LW, UK
UKHW020833120726
13693UKWH00002B/634